吴珊珊 —————— 著

猎豹
阅读法

如何快速读透一本书

U0347313

机械工业出版社
CHINA MACHINE PRESS

阅读是我们获取知识、终身学习的一个重要途径，有效且简单易行的阅读方法可以帮助我们更高效地获取信息。本书以猎豹阅读法为主线，从阅读兴趣、阅读速度、理解和运用等方面，提供一套系统的提升阅读效率的方案，帮助大家解决读不下去、读得慢、读完抓不住重点、不能将阅读技能有效地应用到实践中等问题，通过科学的原理和方法，从最小行动入手，将任务分解训练，实现速度与理解全面提升。

图书在版编目（CIP）数据

猎豹阅读法：如何快速读透一本书 / 吴珊珊著. —北京：
机械工业出版社，2024.5
ISBN 978-7-111-75510-4

Ⅰ.①猎… Ⅱ.①吴… Ⅲ.①读书方法 Ⅳ.①G792

中国国家版本馆CIP数据核字（2024）第066721号

机械工业出版社（北京市百万庄大街22号 邮政编码100037）
策划编辑：刘文蕾 责任编辑：刘文蕾 陈 伟
责任校对：韩佳欣 张 薇 责任印制：任维东
北京瑞禾彩色印刷有限公司印刷
2024年7月第1版第1次印刷
165mm×225mm·15.25印张·168千字
标准书号：ISBN 978-7-111-75510-4
定价：69.80元

电话服务　　　　　　　　　　网络服务
客服电话：010-88361066　　机 工 官 网：www.cmpbook.com
　　　　　010-88379833　　机 工 官 博：weibo.com/cmp1952
　　　　　010-68326294　　金 书 网：www.golden-book.com
封底无防伪标均为盗版　　机工教育服务网：www.cmpedu.com

前言

当你决定开始阅读时，是否遇到了以下烦恼：

一、没兴趣。拿起书来翻不了几页就放下了。也许一年下来，打开了一本书，却一直停留在第一页上。读书不像打游戏、刷剧，不易给人带来感官刺激和反馈，所以很多人对读书提不起兴趣。因为不爱阅读，导致发展受限。

二、速度慢。这类读者喜欢阅读，但速度很慢，一年读不了几本书。阅读速度慢，有时候是因为需要细读内容，但大多数情况下，只是因为没有掌握高效的阅读方法而已。阅读速度慢，会无意义地消耗大量的宝贵时间。

三、理解难。耐着性子坚持读完一本书，看完后却觉得很茫然，好像读到了什么，又好像什么也不知道。"读完一本书，如看数万字"。在遇到新理论、看到新词汇时，如果觉得深奥、晦涩，就很容易失去读书的信心。

四、不会用。书倒是读了不少，但读完就丢在一边，抛诸脑后，变成了读书是读书，生活是生活，完全脱节。如果阅读对生活和工作来说全无裨益，就会觉得阅读无用，甚至觉得阅读法是"屠龙术"。

以上阅读的四大痛点，是不是说出了你的心声？

其实，现在很多人已经认识到了阅读的重要性。线下和线上关于如何阅读的书籍和课程很多，但是学习后阅读的痛点仍在，为什么？

Facebook创始人兼首席执行官马克·艾略特·扎克伯格每两周阅读一本书，前两年他还在Facebook上发布了自己的挑战计划，就是每读完一本书就写一篇读书笔记。直到现在，他的书单还时有更新。

特斯拉创始人埃隆·里夫·马斯克在2015年一期访谈节目中被问及"作为一个火箭行业的门外汉，你是如何在短时间内成为一名火箭专家的"时，他笑着回答："显而易见，多读书。"

少年时代的马斯克就酷爱读书，终日与书为伴，甚至达到了"嗜书"的程度。在接受《纽约客》杂志采访时，马斯克坦言，当同龄人都在户外游戏的时候，他会躲在家里看书，而且自己大部分疯狂的想法也都来自书籍。马斯克一天可以读完两本书，他的阅读速度是常人的60倍。因此，马斯克在朋友圈也有了"移动的百科全书"的称号。

大家可能觉得他们作为成功人士，肯定天赋异禀。事实上，他们的智商水平跟我们普通人差不多，只是他们的意志力超越常人，并且善用技能和方法，所以能取得事半功倍的效果。

一天读两本书，一分钟阅读数千字，显然仅靠常规的阅读方法和技能是无法实现的。除了需要、兴趣、意志力这些因素之外，还有哪些因素制约着我们的阅读呢？

是的，阅读不仅需要兴趣，更需要方法。

大家需要的是一套真正适合大众，既成熟有效、又简单易行的高效阅读方法。

我从事高效阅读训练工作已有 8 年。

很多人曾好奇地问我，你是如何做到坚持每天阅读还进行思维导图输出的？你的学员为何能在世界性阅读大赛中包揽全场各项大奖？你的学员为何能轻松做到年阅读量超过 100 本？

8 年来，我通过大量阅读，探索高效阅读方法；8 年来，我向美国、英国和日本的阅读大师学习；8 年来，我跟随国内阅读大师进行专门训练，持续至今；8 年来，我和我的学员们参加了世界性的阅读比赛，获得了非凡的战绩。

我将多年来有意识积累的、系统化的阅读训练成果以及在阅读训练营中的教学实践经验，总结成一套既有鲜明个人特色，又系统成熟的高效阅读方法，我将其命名为——猎豹阅读法。

猎豹阅读法的核心是什么？

在纪录片《动物世界》中，我们可以看到：

猎豹有着迷人的大眼睛，在狩猎的过程中，会根据目光扫描到的特定环境来捕获猎物。它的形体独具流线之美，使得它奔跑时可以在 3 秒内从静止瞬间加速到接近 100 千米 / 小时，这是跑车也难以达到的速度。

捕猎时，它的策略是放弃大多数看似容易捕捉的猎物，只攻击成功率最高的猎物。它的神情专注、目标单一，一旦瞄准猎物，一击必成，确保自己可以获得最高的生存能量。日常生活中，猎豹会结成捕猎联盟，合作谋生，抱团成长。

事实上，高效人士的阅读方法，也是紧紧围绕目标、环境、速度、准确度以及实用性展开的。他们的成功是因为放弃了很多可以做到，但不是必须要做的事情，全心专注于最重要的事情。

猎豹阅读法的核心，就是运用科学原理，通过分解任务训练阅读，达到速度、理解能力同步提升，并能有效运用，解决阅读活动中的四大痛点：没兴趣、速度慢、理解难、不会用。

跟着猎豹学兴趣：利用动机形成的"期望 × 价值"理论，灵活运用不同的兴趣激发策略，培养人们的阅读兴趣。

跟着猎豹学速度：速度的实质，在于熟练、专一。循序渐进，掌握各种阅读技能，阅读时专注于目标，不贪多，阅读速度自然会提升。

跟着猎豹学理解：假设把阅读整体看成是一个项目，理解则代表能胜任这个项目的核心。抓重点、抓主旨、抓关键词，才能提纲挈领，纲举目张。

跟着猎豹学运用：将学到的阅读技能应用于实践，并通过实践的反馈来改善方法，让纸面上的方法真正成为自己的傍身技能，终身受益。

最重要的是，这本关于猎豹阅读法的书，不仅是我多年来在阅读训练方面的探索和感悟，是我多年心血的结晶，也是我教学实践的成果，而且是经由数千名学员训练、实践，被证明行之有效的方法。

在这本书里，我努力把复杂的问题通俗化，把烦琐的流程简单化，更好地帮助大家实现阅读目标。

从这本书开始，我将引导你启动阅读训练，期待阅读最终成为你的习惯，成为一种生活方式。

目 录

精准"捕获"

高效阅读一本书

技能进阶

快速打通一个领域

猎豹阅读法

燃起兴趣

唤醒内心，爱上阅读

01

阅读为什么重要

为什么要阅读——这是我们在进行高效阅读训练时，首先要回答的学员的问题，也是一个绕不过去的话题。

"为什么要登山？"
"因为山在那里！"

这句经典的回答，来自乔治·马洛里——20世纪世界最负盛名的登山家和探险家。

对于热爱登山的人来说，雪山之巅永远是无法遏制的向往。但是如果你不能理解人类征服高山的内在动力，不能理解这一挑战实际上就是人生不断升华的过程，那么也就无法真正理解登山的魅力。

通过登山，我们可以与自己的内心对话！
通过登山，我们可以激发对人生意义的新思索！
通过登山，我们可以引发对组织管理的思考！
通过登山，我们可以走出舒适区，进入对自我意志的磨炼。
经历磨难登顶后，我们可以享受战胜自己的荣誉感。

一句话：登山，提升了人的境界，拓展了人对生命的理解。

借助登山这个视角，我们可以更好地探寻本节的主题——为什么要阅读？

成功的人大多都是喜欢读书的。

• 美国微软公司联合创始人比尔·盖茨说："每个人的生命曲线是很不同的，突破这种局限的最好方式就是读书。"

• 美国投资家查理·芒格，这个掌管着上千亿美元资金的金融大鳄说："我这辈子遇到的来自各行各业的聪明人，没有一个是不每天阅读的，一个都没有。"

如果你认为商业成功人士的观点不具有普遍代表性，那么我们看看古今中外的名人的观点：

• 汉代大学问家刘向说："书犹药也，善读之可以医愚。"意思是书就像药一样，阅读得法，可以医治愚蠢的毛病。

• 苏联著名作家高尔基说："书籍是人类进步的阶梯。"没有书籍，就没有人类文明和知识的传承。

• 北宋词人苏轼说："粗缯大布裹生涯，腹有诗书气自华。"常读书，不仅可以使人脱离低级趣味，养成高雅、脱俗的气质，更重要的是，在面对人生的失意和困窘时，能拥有乐观豁达的态度。苏轼自己的人生就是例证。

• 英国大哲学家弗朗西斯·培根在《论读书》中说："读书足以怡情，足以博彩，足以长才。"

事实证明，无数人因为阅读获益良多，取得成功。

对于普通人来说，读书还意味着改变命运。

我们先不要急于批判这种功利性的读书观念。要知道，作为普通人，没有社会资源，没有金钱，没有很好的背景，想要改变自己命运真的艰难。而读书，是以最低成本改变自己命运的捷径之一。

阅读的功利价值无须讳言，但我们更应重视阅读对增进阅读者心性的价值。

心理学家爱德华·托利·希金斯将自我概念分为三个层次：

第一个层次，实际自我（actual self）

第二个层次，理想自我（ideal self）

第三个层次，应该自我（ought self）

实际自我，是对个体实际具备的特征的表征。

理想自我，是对个体理想状态下具备的特征的表征，代表自己所希望、愿意甚至渴望达到的理想状态，代表个体的最高目标。

应该自我，是对个体有义务和责任应该具备的特征的表征，代表个人的最低目标。

人具有缩小实际自我与理想自我以及应该自我之间差距的驱动力。如果实际自我与理想自我存在差距，代表着积极的结果没有出现，这种差距会让人出现沮丧情绪，进而促使个体产生缩小这种差距的驱动力。

实际自我与应该自我之间的差距则代表着消极结果的出现，这种差距会让人产生焦虑情绪，进而促使个体产生缩小这种差距的驱动力。

有人说，人生是一场抵达。我们就是在从实际自我通往理想自我的旅程中，见天地、见众生、见自己的。而阅读，就是个人实现自我完善、在生命的旅程中由此岸抵达彼岸过程中最简捷的途径。

年少时，我们都曾梦想在一生中能读万卷书，行万里路。我们在内心深处期待探索自己生命更多、更好的可能性，我们渴望遇到心仪的人，渴望欣赏到壮美的风景，渴望有着非凡的经历，渴望成就更好的自己。

实际上，这种美好的愿望就是自我完善内在需求的表征，也是我们生命中最深沉、最持久、最有力量的内驱力。

法国文学家罗曼·罗兰说过一句类似的话："从来没有人读书，只有人在书中读自己，发现自己或检视自己。"

关于读书以何种方式增进心性，英国哲学家培根在《论读书》中对此论述精妙：

"读史使人明智，读诗使人聪颖，算数使人缜密，自然哲学使人深刻，伦理使人庄重，逻辑与修辞使人善辩。"

读书，不是只在咬文嚼字处下功夫，这样不过是得到了小知识而忘却了大道理，迷惑于文章典故而遗漏了隐微精深的言论，"锢志气于寻行数墨之中，得纤曲而忘大义，迷影迹而失微言"。

读书的要义，在于明白人生的大道理，确立修养自身治理社会的根本，观察隐微精义的言论，达到精通事理、心领神会的地步，并将之付诸实践。

人具有自我完善的天性，而**阅读是完善自我最好的方式**。

读书是人类的基本需求，无论你是否意识到这一点。

美国著名人本主义心理学家马斯洛将人类的需要归纳为五个层次，从低级到高级依次为：生理需求、安全需求、归属需求、尊重需求和自我实现。

生理需求：人对食物、水分、空气、睡眠、性的需要。它们在人的所有需求中是最重要的，也是最有力量的。

安全需求：表现为人们需要稳定、安全、受到保护、有秩序、免除恐惧和焦虑等。

归属需求：一个人有与其他人建立感情联系或关系的需要，如结交朋友、追求爱情、参加一个团体并在其中获得一定地位等。

尊重需求：包括自尊和希望得到别人的尊重。尊重需求的满足，会使人相信自己的力量和价值，在生活中变得更有能力，更富有创造性。相反，如果这种需求没得到满足，会使人感到自卑，没有足够的信心去处理问题。

自我实现：人们追求实现自我的能力或潜能，并使之完善化。

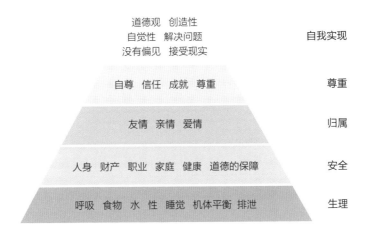

马斯洛认为，这五种需要虽然属于不同等级或层次的需要，但都是人们最基本的需要，是天生的、与生俱来的。

但当我们认真分析人们的这些基本需要时，就会发现，所有这些需要的满足，都建立在人的自我完善的基础上，而读书是自我满足、自我完善、自我实现的最佳选择。

培根是英国伟大的哲学家、教育家，但他并没有用玄乎、华丽的说辞去夸大读书的好处，而是从满足人的内部需求和外部需求两个方面，指出了读书的价值："读书足以怡情，足以博彩，足以长才。"

阅读，可以愉悦心灵，丰富自我；读书，可以展示风采，广泛交友；读书，可以为自己赋能增效，提高分析判断能力，增强社会竞争力。这一切，都有助于满足我们的内外部需求。

借用日本"读书家"出口治明老师《书的使用法》中的一个新鲜有趣的表达，就是：

教育 + 修养 = 更好的生活

所以我们说，每个人都有阅读的需要，这是人类固有的自我完善需求所决定的。只是这一点，很多时候被我们的认知、欲望和所处的环境等因素遮蔽了。

如果只是把阅读当成外界赋予自己的任务，而非自我完善、自我实现的内在需求，我们就可能将其视为一种负担，难以建立和保持对阅读的持久热情和毅力，甚至抗拒阅读，进而影响阅读体验和阅读效率。

人生需要阅读，阅读成就人生。重建我们对阅读的认知，有助于我们提高阅读的效率。

爱上阅读：兴趣加行动

俗话说："你可以把马儿牵到河边，但你不能逼它喝水。"如何让人爱上阅读，是教育学和心理学领域永恒的话题。

著名科学家爱因斯坦说："兴趣，是最好的老师。"

东方先圣孔子说："知之者不如好之者，好之者不如乐之者。"

确实，兴趣是个体动机中最积极、最稳定，也是最浓烈的部分。一个人对其从事的事业产生了浓厚的兴趣，便会迸发出惊人的热情。而热情是有魔力的，它会创造奇迹。

兴趣是什么？

在心理学上，兴趣是个体趋向于认知并掌握某种事务、力求参与某项活动，并且具有积极情绪色彩的心理倾向，包括个体兴趣和情景兴趣两类。

因个体的具体知识、信念或价值观而产生的兴趣被称为个体兴趣，由任务或材料本身所引发的兴趣被称为情景兴趣。

情景兴趣是不稳定的，一旦一个人的需求得到满足，或者当他完成了具有挑战性的任务后，他就会对此失去兴趣。当然，在一定条件下，情景兴趣可以转化为个体兴趣。

就阅读而言，激发和培养个体对阅读的个体兴趣，首先要重建个体对于阅读的认知；其次要灵活安排阅读材料、创设阅读情境、合理设置阅读目标、及时反馈阅读效果，引导个体积极参与阅读活动，并通过阅读活动中的获得感、充实感和兴奋感等正向刺激，来强化个体对阅读的兴趣。

这有点像运动，运动会产生多巴胺，多巴胺是一种快乐物质，会让人愉悦。运动中正向的反馈和刺激，有助于进一步强化人的运动习惯。

阅读兴趣从哪里来？

答案是：从阅读实践中来。

空泛地谈论阅读兴趣是没有意义的。阅读的获得感、愉悦感，如果不亲身实践，即使听人讲一百遍，也根本无法体会到。

"好读书，不求甚解；每有会意，便欣然忘食。"对这种体会，我深有同感。

读书时，每当遇到文辞精妙幽微之处，或会心一笑，或击案长吁，往往引得旁人侧目，但我却常常因为无法与人分享其中的快乐而觉得遗憾不已。

这种阅读时的愉悦心流，与诗中所言别无二致："山中何所有，岭上多白云。只可自怡悦，不堪持赠君。"

你问我这山中有什么，我答曰：只有一山谷的白云。每天面对着白云满心欢喜，快乐自足，但是却不能赠予你分毫。

所以，当有人问我读书的兴趣怎么培养，我经常毫不犹豫地告诉他：**读书的兴趣，只能从读书中培养。**

估计很多人听后会继续追问怎么理解这句话，我想给大家分享"得到"App 创始人罗振宇讲述的一个有趣的小故事：

有人问《高效能人士的七个习惯》的作者柯维一个问题："如果我不爱我的老婆了，我该怎么办？"

柯维说："那你就爱她吧。"

这个人说："老师，可能你没听明白，我问的是我不爱我的老婆了，该怎么办。"

柯维说："不是我没听明白，而是你没听明白。我是说，如果你不爱她了，那就去爱她吧。"

很多事情就是这样，**行动本身就是方法。**

如果我们已经认识到阅读的意义，也树立了阅读目标，那么接下来我们需要做的，就是行动。

俗话说，没有任何道路可以通向真诚，真诚本身就是道路。同样，爱上阅读没有捷径，开始阅读就是我们拥抱阅读的第一步。

发于兴趣，始于行动。世间万事，大抵如此。

时刻要牢记：人是阅读的主体。这一点非常重要。

无论是推广阅读，还是教授高效阅读的技能，都必须要意识到阅读者的主体性。阅读的所有目标和方法，都是为阅读者服务的，而不是为了阅读而阅读。这是我们推广高效阅读的起始点和根本。

所有的阅读法，都应围绕让大家"爱上阅读、学会阅读、从阅读中受益"这个目标展开。如果偏离了这个根本，任何阅读法都失去了价值，也不会得到期待的结果。

对阅读活动主体性的认知，决定了我们采用的阅读方法论。

罗振宇将阅读分为"对书负责"的阅读和"对自己负责"的阅读。

他认为，"对书负责"的阅读，立足于将书本上的内容不加选择地灌输给个人，人就像容器一样等着盛放知识，把阅读看成单向的刺激和接受信息的过程，忽视个人的感受、接受能力和建构性。

"对自己负责"的阅读，尊重个人的偏好、选择的独特性和创造性，认为阅读是自我完善的方式。该观点认为，阅读的过程是大脑进行意义建构的过程，是个体在阅读过程中通过新旧经验相互作用来形成、丰富和调整自己原有经验结构并赋予意义的过程。

"对自己负责"的阅读，会让人的心灵有无限扩展的可能性，只要一直保持阅读的意愿，总会由一个兴趣催生出无数兴趣，由一个问题带来无数问题，无休无止、无穷无尽。

人的心灵结构是网状的，看似随心所欲的阅读，实际上是结网的过程，未来每一个节点都有变成枢纽的可能。

毫无疑问，"对自己负责"的阅读完美地呼应了我们前面提出的理念：**阅读是人类自我完善、自我实现的内在需要。**

电影《侏罗纪》中有一句经典台词："生命自有其出路。"

一个人只要开始阅读，无论基于什么动机，都应给予鼓励。因为这意味着阅读将为他点亮一盏明灯、启动一段旅程、打开一扇窗户。

在这个过程中，唯一需要护持的，就是他对于阅读的信念。

一个愿意在书籍世界流连的阅读者，他的任何行动都可能会触发意外的相遇。迟早有一束微光会照亮他，让他"突然沦陷"，察觉到阅读带来的乐趣，察觉到阅读对自我心性的增进。他此后的一生，既能享受阅读的快乐，又能得到阅读的回报，阅读将成为与他终身相伴的习惯。

学习心法，提升阅读效率

现在，我们认识到了阅读的价值，树立了终身阅读的目标和信念，这意味着我们人生中有一个很大的项目要去完成。学习高效阅读的技能，就是人生这个大项目下的小目标。

朱莉·德克森在《认知设计：提升学习体验的艺术》一书中将学习过程归纳为六个阶段：熟悉、理解、有意识的努力、有意识的行动、精通，并最终达到无意识就能完成任务。这也是我们的高效阅读训练法的核心。

学习一项新技能并最终达到擅长的境界，不仅仅意味着思维方法的改变，更需要技能的刻意练习。

在接下来的学习中，我们将重点学习如何提升阅读速度、如何提炼文章核心、如何提高阅读理解力、如何有效阅读一本书以及如何进行知行合一的阅读。

除了技能的练习之外，以下几点因素对提升阅读效率非常重要，我称之为"高效阅读的心法"。

第一，保持好奇心。

英国哲学家弗朗西斯·培根说，知识是一种快乐，而好奇则是知识的萌芽。

牛顿对一个苹果产生好奇，于是发现了万有引力。瓦特对烧水壶上冒出的蒸汽十分好奇，最后改良了蒸汽机。爱因斯坦对罗盘充满好奇，为日后深入研究电磁场打下基础。伽利略看到吊灯摇晃感到好奇，最终发现了单摆。

好奇心是个体遇到新奇事物或处在新的外界条件下所产生的注意、操作、提问的心理倾向。好奇心是学习的内在动机之一，是寻求知识的动力，是创造性人才的重要特征。

爱好阅读的人，都有极强的好奇心，他们想通过书籍了解世界，探求秘密，理解别人的所思所想。

好奇心不仅能够帮你发现阅读的兴趣、更好地理解新鲜事物，而且还能够促使你通过训练更好地掌握高效阅读的技能。最终，你会不仅只是一名阅读爱好者，还将成为一名高效阅读的擅长者。

好奇心，能让我们在阅读的路上走得更远。

第二，学会分解任务。

学习高效阅读是一个需要长期坚持的过程，是一个宏大的目标，想要完成这个挑战，进一步提高效率，就需要把目标分解。特别是困难的事情，**我们可以通过分解任务，让目标变得简单可及。**

回想一下当年在驾校学车的情景，我们会发现我们是从绕车观察、换挡、加减油门、刹车这些分解动作学起的，然后再一步步进阶学习倒车入库、侧方位停车、直角转弯、曲线行驶和坡道定点停车与起步等项目，最后才能学会完整的驾驶技能。

但是当我们熟练掌握驾驶技能后，我们在开车时就不会刻意去想下一步是踩油门还是换挡，几乎所有动作都是一气呵成的，这是因为我们已经进入了自动化阶段。

高效阅读技能属于心智性技能，但想从"小白"成长为一名高手，还需要经过五个阶段的训练：

1. 活动定向阶段（在头脑中形成对活动程序和活动结果的映像）

2. 物质化活动阶段（利用实物或模拟品进行学习）

3. 有声的言语活动阶段（借助出声的外部言语活动来完成各个操作步骤）

4. 无声的外部言语活动阶段（以词的声音表象、动觉表象为中介进行智力活动）

5. 内部言语活动阶段（凭借简化了的内部言语，不需要多少意识参与就能自动化进行的智力活动）

每一个阶段，其实都是我们的一个子目标。

根据脑科学的研究成果，同样一项工作，新手和高手的大脑处理方式是完全不同的。新手处理一个动作的流程比较复杂，高手会很轻松，这是因为自动化的程度不同，大脑的认知载荷也不同。

那么对于新手，应该怎么进行训练呢？

对于困难的事情：

首先，要在思维上把复杂的事情进行分解。

其次，要在行动上进行分阶段练习，先精通小的，再进行拼装。

明白了这个核心要领，坚持训练，直到每个小技巧都训练好了，就能学会一套系统的阅读方法。

在本书后面具体介绍高效阅读的技能训练时，你会发现，每个阅读训练的动作，都在不停地拆分，让你训练起来不难达成，并且每天不用花费太多时间就能学会。

因此，**聪明的学习法，就是学会轻松爬坡，即把难的动作、复杂的动作，进行拆分学习。**与其看到困难就抗拒，无法前行，不如一点点开始训练，增加我们的信心，困难会在爬坡的过程中变得容易。

当你设置的小目标一个一个实现的时候，你会发现你离成功越来越近了。

第三，专项练习。

当我们把任务内容进行拆解后，**首先，要分配时间，一事一时去训练。**

在这个过程中，除了训练计划的内容，不要安排其他的训练，包括其他想法或者疑问都不要代入，也就是在这一件事上全神贯注地去训练。

譬如，本书将提升阅读速度的训练和提高阅读理解能力的训练分开进行，当你利用本书的方法在训练阅读速度的时候，不需要关心阅读材料的内容，甚至不需要记住任何内容。因为我们的任务是学习阅读，而不是阅读。这一点非常重要。

其次，必须进行适当强度的练习，而且要反复练习，直到它成为自己的无意识行为。

知名战略营销专家小马宋，从一个锅炉工做到了文案创意总监，他是怎么做的呢？

他成为文案高手的路径非常简单，首先是认真当学生，大量练习，收集各种文案；其次是把收集的文案进行分类整理，反复学习，从中总结出套路。

这是他的学习阶段。

到了自己要实战的时候他是怎么做的呢？

他每天做大量的案例拆解，强制自己加量输出。什么叫加量输出？同样一个文案，他的同事可能做 3~5 次，他要求自己做 20 次起。通过这种加量练习，他让自己在很短的时间里得到了快速提升。

对此我也深有体会。早期在为大家分享课程的时候，只要讲一小时，我的嗓子会疼三天以上。但现在完全不一样，我每天讲课嗓子也不会疼，这其实是我不断训练的结果。我曾专门进行过声音训练，练习从丹田发声，让气息冲破而出，而非让嗓子用力。

第四，及时反馈。

没有反馈的学习是没有效率的。

要想学好高效阅读的技能，就需要在这个过程中获得及时反馈。只有获得及时反馈，我们才能在正确的方式下训练，并走得更远。

学习需要正向反馈，如果在学习的过程中我们得到的反馈是正向的，并不断获得正向反馈，我们就会更加积极主动地投入其中，进而不断地主动接收学习带给我们的反馈。

不断地投入，再不断地获得正向反馈……这样就形成一个正向的闭环。也就是当我们抱着积极的态度去学习时，会得到一个积极的反馈，然后形成一个良性循环。

美国作家埃里克·莱斯在《精益创业》中讲到火箭式创业和精益创业，两者最大的区别就是：火箭式创业属于闷声做事、大额投入，完全不顾市场的反馈；而精益创业则恰恰相反，是用小投入去快速测试用户，利用客户反馈，让自己的产品快速更新迭代。

如果没有客户反馈，便将止步不前。

反馈就是这么重要，它无处不在，就像时间和空气一样，普通的我们根本意识不到它的存在，但它却在以一种非常有效的方式影响着我们工作和学习的方方面面。

第五，学习环境很重要。

一个好的读书环境，可以让我们轻松实现高效阅读。

为什么有的人不能静下心来阅读？

为什么有的人阅读时容易走神？为什么有的人一本书读了很久，依然还没有读完？

出现这些问题，有没有想过是因为受到阅读环境的影响呢？

一个适合高效阅读的环境应该是这样的：

首先，视觉上干净、清爽。

读书环境要尽量保持干净、整洁，要把一些杂物去掉，因为它有可能分散我们的注意力。比如，有的人读着读着，无意间看到书桌上的小物件，注意力立马会被分散，等他再次想起看书时，已经不知道过去多长时间了。

其次，功能单一。

阅读时尽量选择固定的地方，这个地方只用于看书。当我们需要看书时，就来到这个地方，如果要做其他事情就离开，这在心理上能暗示我们要集中注意力看书。功能单一化，能让我们清楚地知道自己是在读书。

再次，断网，屏蔽一切娱乐通道。

有的人一边翻书，一边突然想起看看几点了，于是便把手机打开，这时刚好有一条微信传来，打开后发现没什么事，又顺带翻了一下朋友圈。虽然一系列的动作很快，但时间也过去很久了，看似翻开书很长时间，效率却不高。

所以我们需要做到切断一切娱乐通道，断网，把手机放到外面，或者静音等，给自己创造一个沉浸式的阅读氛围，减少干扰因素。

最后，和朋友一起阅读。

可以找朋友一起阅读，或者寻找读书群，大家互相分享，互相监督，高质量的读书氛围有助于提高我们的阅读效率。

从微行动开始，培养阅读习惯

养成阅读习惯非常重要。

世界潜能激励大师安东尼·罗宾说："塑造你生活的不是你偶尔做的一两件事，而是你一贯坚持做的事。"

习惯是行为的重复，会在不知不觉中塑造我们。好的行为习惯会成就一个人，不好的习惯甚至会毁掉一个人。习惯对于我们来说，非常重要。

在心理学上，习惯是指个人在长时间的生活实践中形成的，基于一定社会经验、比较固定的思维模式或行为方式，是一种不需要意识的思维现象和行为规则。

通常来讲，行为由动机来调节，需要通过一个专门的决策机制来实现。行为的执行和效果，取决于个人的需求、认知、感受和意志力等因素，这个过程需要复杂的心理斗争，是一项相当消耗机体能量和意志力的活动。

而习惯被认为是自动触发的，是一种潜意识的行为，可能在没有意识、有意识的控制、精神努力和深思熟虑的情况下发生。一旦养成某项好的行为习惯，行为在执行时就不再需要强烈的心理斗争，一切将自然而然地发生，事情就会变得简单起来。

有的人觉得阅读是一件困难的事，实际上不过是没有形成阅读习惯罢了。

曾经我也没有阅读的习惯，也深知既没有阅读习惯又没有阅读方法的人，很难读完一本书。

当然，后来我爱上了阅读，并从事高效阅读相关的培训工作，现在平均每年的阅读量在 100 本书以上，还能在阅读过程中绘制思维导图，并举行由阅读衍生出来的多种活动，比如多种形式的读书会、一书一课活动、有奖书评活动等。现在阅读对于我来说，是一件愉快的事。

有人说，21 天就能养成一个新习惯。这种说法其实是一种谬论。真相是，科学研究证明，一个习惯的养成需要 18 天到 254 天。真相是不是有点残酷？

有人会觉得养成习惯太难了。我们的建议是，**不管学习何种技能，都要进行任务分解，持续 100 天。**比如百日导图、镜子练习、清晨练笔、三言两语、百日超慢跑等。

在行为变成习惯之前，激励我们的途径是动力和意志力。动力以感受为基础，受情绪影响，非常易变。意志力虽然可靠，但一个新习惯的养成，需要耗费巨大的意志力，导致我们无法坚持。比如，很多人想通过健身进行形体管理，但大部分人都失败了，就是这个原因。

但微习惯能更好地帮助我们。

在《微习惯：简单到不可能失败的自我管理法则》一书中，作者斯蒂芬·盖斯对微习惯作了精妙的论述：

微习惯是一种非常微小的积极行为，你需要每天强迫自己完成它。微习惯太小，小到不可能失败。正是因为这个特性，它不会给你造成任何负担，并且具有超强的"欺骗性"。它也因此成了一种极其有效的习惯养成策略。

微习惯之所以能奏效，其独特之处主要体现在三个方面：

第一，能够让我们毫无压力地走出一小步，意志力损耗很低。

第二，微小行动有助于我们积累胜利的喜悦。

宏大的计划往往容易失败，但微习惯总是能让我们体会到完成目标的喜悦。如果我们能超额完成任务，就更好了，这会大大提高我们的行动力，我们也会对自己很满意。

第三，能够帮助我们增强正念和意志力，收获超乎想象的惊喜。

正念可以让我们察觉并专注于自己要做的事，并且持续去做好它。通过重复完成小目标，我们的意志力也会变强，从而获得更好的掌控感。

微习惯能最大限度地储存我们的意志力能量，对于新习惯养成非常奏效。

你可以尝试用以下步骤来培养自己的阅读习惯：

第一步，选择适合自己的阅读微习惯。

列出你想要达到的阅读目标，然后将其分解成微型任务，如"看一页书""做一份书摘"，这都是广义上的看书。但是要注意，选择 1~3 个微习惯即可，不要太多，否则就不是微习惯了。在这个过程中，但凡觉得意志力开始损耗，就要调整。

第二步，挖掘阅读习惯的内在价值。

当你做出选择时，问问自己为什么要这么做。因为外在的压力和世俗观念而做出的选择往往会有很大阻力，只有目标的内在价值是你认可的，发自内心热爱的，你才可以说服自己，毫不动摇地坚持下去。

第三步，选择培养习惯的方式，并纳入日程。

培养习惯通常可以从两个维度切入：时间和行为方式。是每天早上九点看几分钟书，还是在晚上十点前读一首诗，到底要选择哪种方式进行呢？其实都可以，只要睡觉之前完成即可。重要的是要坚定地做出选择并执行。

第四步，建立回报机制，提升成就感。

当你按照阅读计划打卡一周后，可以给自己额外的奖励，譬如在晚餐时给自己加一份小点心或者在周末看一场电影，享受完成目标后的成就感。

第五步，记录并追踪完成情况。

准备一个读书打卡用的笔记本，这非常重要。它可以用来在睡前盘点当天的任务完成情况；可以记录每天的微习惯，完成就打钩，形成正反馈；还可以用来做数据化追踪，让你的努力可视化，坚持起来也会更带劲。

第六步，微量开始，适度超额完成。

如果进展顺利，你可以在上一阶段目标的基础上稍微加量，譬如从"每天阅读一页"增加到"每天阅读两页"，你会发现你的心理并不抗拒它，这就是微习惯"欺骗性"的体现。微习惯，总可以让我们实现超额完成，获得成就感。

第七步，服从计划，摆脱盲目高期待。

要坚持一天看一页书，而不是总想着去超越这个目标。要把精力和期待值放在坚持目标上，而不要对任务量抱有较高的期待。

第八步，留意习惯养成的标志。

时刻注意习惯是否已经养成了，只有基本养成了一个新的习惯，才可以考虑下一个微习惯的培养。

以下五个标志，代表新习惯已经养成了：

第一个标志：没有抵触情绪。顾名思义，就是觉得做这件事很平常。

第二个标志：认同身份标签。开始认同自己的微习惯行为，比如可以坦然地说："我爱读书"。

第三个标志：行动时无意识。自然而然地去做，轻松拿起一本书，而不是告诉自己，"好吧，我要开始看书了"。

第四个标志：**不再担心了**。刚开始执行微习惯时，会担心自己漏掉或者间断，但是当微习惯变成你习惯做的一件事时，就不再需要刻意提醒自己了。即使身体疲惫，情绪不佳，你也不会觉得有负担，因为你知道你会坚持下去。

第五个标志：**内心很平静**。当一个行为变成一个习惯后，你不会因为"你在做这件事"而激动不已，而是会习惯性地拿起一本书，内心平静地读完一页。

养成任何一个好习惯，都建议大家从容易的开始做，从自己能够做得到的行为着手，这样习惯更容易培养并达成。

阅读习惯以及阅读能力的培养要循序渐进、由易到难，需要通过几个阶段来实现。如果你还没有形成阅读习惯或者阅读有困难，那么下面这套"**带翻赏时装**"的方法，可能会对你有帮助。

带：出门必带书，不一定要阅读。

翻：有书就翻阅，不去想是否读得懂，是否能读完，随便翻就好。

赏：欣赏图书的装帧设计、封底封面以及书中的插图。

时：每天阅读 3 分钟。

装：不阅读也没关系，装成读书的样子拍个照也可以。

因为，如果我们对阅读"望而生畏"，就很难走出开始阅读第一步。

猎豹阅读法

第一，带书出门。

假如你面前有两枚胶囊，一枚红色和一枚蓝色。红色胶囊代表你能充分发挥自身能力并能实现自我价值，在生活中活出自我；蓝色胶囊代表千篇一律的生活，直到生命结束。你会选择哪个？

这是好莱坞著名电影星基努·李维斯主演的科幻电影《黑客帝国》中的情节。

很多人看完后，确定自己要选择改变现状的"红色胶囊"，而事实上，90%以上的人在行动上都选择了维持现状的"蓝色胶囊"。

我们坐地铁时，那些低头阅读的人是选择"红色胶囊"的人，那些低头摆弄手机的人是选择"蓝色胶囊"的人。

我们每天重复低头玩手机的动作，将来也不过是千篇一律地重复生活。而坚持每天带书出门，在等车、等人、排队、坐地铁时读几页，把看手机的时间用来阅读，获取有效的知识，在吸收新知识中孕育出新行动，就会有新的习惯。

一位甘肃的外卖大叔，经常随身带书，有空就会打开书阅读。他说自己从小就喜欢读书，读书可以修身养性、开阔胸襟，而遗憾的是自己初中毕业后就辍学了。但女儿在他的影响下爱读书，考上了上海一所著名高校的研究生。

读书的魅力就在于此，不会让人一夜暴富，但会潜移默化地影响身边的人。你不知道，当你在地铁里或者等车的时候，手捧起书本阅读的样子，又会影响着谁。

第二，每天翻几页书。

鲁迅写过一篇文章叫作《随便翻翻》，说自己在工作生活之余，会随手拿起书翻翻看看。**不刻意、不强求，没事翻翻书，翻久了就成了习惯。**

这种随便翻翻的方式，轻松、有趣，透露了鲁迅的阅读智慧和阅读习惯。利用碎片化时间读书，值得每个人尝试。

这是一个变化很快的时代，又是一个很浮躁的时代，很多人低估了读书带给我们的价值。如同好公司的股票一样，越是低估它，持有它所获得的预期回报就越高。

如果能随身带一本书，在闲暇的时候翻一翻、看一看，或抽出些时间阅读下，会给我们带来极大的益处。

我们不用去想阅读的方法，随便打开一本书，就把它当作游乐园。当你从未去过时，你并不知道游乐园里有什么。你可以了解一下地图，看看封面和目录，了解一下书的内容大致是什么，选择自己想了解的内容去阅读。也可以只是随便翻翻，别限制自己必须按从头到尾的顺序读。

第三，每天阅读 3 分钟。

为何只读 3 分钟呢？用的就是"微习惯"的策略，利用"微小的行为"来驱动持续行动，从而达成目标。

中国新闻出版研究院发布的第十九次全国国民阅读调查结果报告显示，2021年，我国成年国民人均纸质图书阅读量为4.76本，高于2020年的4.70本。而在日本、俄罗斯等国家，人年均阅读量都在40本以上。

不能养成某种习惯，并不是欠缺意志力，而是没有找到合适的方法。在习惯养成的初期，许多人往往会兴致勃勃地制订过高的目标，但没坚持几天就放弃了。

为什么会这样？

人天生是有惰性的，高目标会给人带来压力感、抗拒感，没有人期待这件事的发生。当你强迫自己去做一件事的时候，就需要调动自身更多的意志力，一旦频繁动用意志力，意志力逐渐被消耗，你就会失败。

而对于小的行动，你完全有能力完成。当你对一件事有了掌控感，你不仅不会焦虑，内心反倒会慢慢增长出一种自信，因为你完成了每天设置的目标，你做到了，这个目标会给你带来正向反馈。

每天进行3分钟阅读，有两点很重要：

一是完成比完美更重要，行动比完成更重要。先试试每天阅读3分钟吧，哪怕1分钟也行，先做起来，你就能超过50%的人。

二是持续向前。就是让一件你觉得好的事情，如涓涓细流，流淌在生活之中，使得这件事给自己带来激励，帮自己每天获得满足感。

在培养习惯的时候，看什么书不重要，选择自己喜欢的、简单一点的书就好，这本书就像一个随时提醒你培养好习惯的触发器，带在身边，每天 3 分钟，持续下去，一年的阅读量就会超过 10 本书。

第四，欣赏书的装帧和插图。

我们打开书，哪怕什么也不读，也可以看看封面、封底、腰封以及书中的插图。

图画是打开世界的窗口。你是否在小的时候更喜欢阅读图画书？每一个图画内容？都吸引着我们去探索。

为什么孙悟空穿着超短虎皮裙？

为何小蝌蚪与妈妈长得不一样？

为何这个动物的眼神画成这样？

无数个为什么，是好奇心对未知世界的热忱，是孩子对阅读世界的期待。试想，哪个孩子愿意去阅读一堆无聊的文字呢？

就是在这样的探索中，孩子对世界充满好奇，不断发挥着想象力，并不厌其烦地一读再读，同时提升了审美能力。

犹太人常说，知识像蜂蜜一样香甜。我们为何不保有童心，像小时候一样来对待图书呢？在欣赏每一本书的插图时，激发很久未见的想象力，从生活的细节中去探寻未来的无限可能，点燃休眠的好奇心，找到阅读的乐趣。

第五，假装读书。

有一位学者在访谈节目里谈到，他亲眼看到一位大学生到了图书馆，找个座位坐下，先去书架上拿一本红楼梦，翻开书，将咖啡放到旁边，然后拍照、发朋友圈，一气呵成。随即把书放回书架，拿出自己包里厚厚的试题集开始做题。

很多人觉得这种行为太装了。而在他看来，这是一个正常的社会现象，因为大家都渴望成为一个别人眼中的爱书人，也从心底里承认一个爱读书的人是有独特魅力的。

我有一个要好的朋友，他经常在微信朋友圈里发在图书馆或书店里的自拍，聚会聊天时谈到存在主义、解构主义、魔幻现实主义的时候旁征博引、侃侃而谈。

后来我问他，你平常都是怎么读书的？

他笑着说："我平时要工作，周末要补课，哪有时间看书！但作为一个'伪文艺青年'，说自己不读书，以后还怎么在圈里混？"

我恍然大悟，马上虚心请教，有没有什么方法，能让我在不读完一本书的情况下，还能装作很懂的样子？

他说当然有。以金宇澄的小说《繁花》为例，只见他拿出手机，先打开豆瓣看看该书的梗概和书评，了解作者的创作历程；然后又打开知乎，看看网友对小说人物和情节的解读；最后随手摘几句书中的经典文句，配上一张很文艺的图片，发出了一条朋友圈。

信息时代，每天 20 分钟，"读完"一本书，足够了。持续下去，你也可以做到很厉害。

当然，要想赢得更多崇拜的目光，还得做到与众不同，要知道一些小众的书籍。别人问你在看什么书，你说在读肯·福莱特和弗兰纳里·奥康纳的书，格调瞬间飙升。如果你能引用列维 – 斯特劳斯的话语，抒发自己的感情，能对希腊神话中"神人同形同性"的特点侃侃而谈，记住阿多尼斯几句不同类型的诗句，那就更令人刮目相看了。

事实上，这种读书法早已为人所知，并将其命名为"书皮学"。据梁文道先生所言，"书皮学"最初是指出版商为吸引顾客买书而产生的技术，它真正的内涵是让人单靠书皮就能"读懂"一本书。

渐渐地，部分人开始通过这种方法进行泛读，"书皮学"也就逐渐演变成了读书的利器。

这样的微阅读，你喜欢吗？快行动起来吧！

测一测你的阅读速度在哪个等级

在一份世界读书排行榜中，以色列人以每年人均阅读量 60 本位居第一。以色列也是全世界唯一没有文盲的国家。犹太人聪明、会做生意的天赋全世界都知道，他们的成功，离不开爱阅读的习惯。

我国人均阅读量仅为 4.76 本，不足 5 本。作为拥有几千年灿烂历史的古老国度，读书曾经是我们每代人的优良传统，但是如今，阅读与我们的日常生活似乎正渐行渐远。

影响阅读的因素有很多：剧烈的城市化进程，互联网的普及，生活节奏越来越快，工作压力越来越大等。这些变化确实让人没有太多时间、太多耐心去慢慢地读完一本书。

我们要做的是，去找到一种阅读法，让我们能够在这个快节奏的时代实现快速、高效地阅读。

提到阅读，有的人主张读得慢一些，再慢一些。

俗话说，"慢工出细活"，所以凡是带有"快速"二字就会给人不好的印象。事实上，这种印象是错误的。

太快的阅读会导致太多的泛读，但太多的慢读会造成阅读量过少，阅读量过少难道不也是值得忧虑的问题吗？

美国前总统罗斯福在白宫日理万机之余，平均每天看三本书。美国前总统肯尼迪每天利用吃早餐的时间阅读八份报纸。拿破仑是一个酷爱读书的人，能在一天读完 20 本书。大发明家爱迪生一晚上看的书，他的助手用 11 天才能看完。

《北齐书》记载王孝瑜“读书敏速，十行俱下”。大文豪高尔基看杂志时，往往是“几页几页地翻”。三国时期的诗人王粲，能够一览便知，过目成诵。

由此可见，只要掌握高效的阅读方法，提高阅读速度并不一定会影响阅读质量。相反，低速、低效的阅读，才是我们要避免的阅读习惯。

阅读速度直接决定了知识的获取量。普通人的阅读速度是 500~1000 字 / 分钟，而使用高效阅读法阅读可以达到每分钟 3000 字以上，原来用 5~10 小时才能读完一本书，掌握方法后用 2~3 小时就能读完，并且理解率和记忆率会更高，更能满足通过阅读高效获取知识的需求。

快速读完后不能深入理解，不能准确记忆，说明你只是在快速翻书。只有阅读速度、理解能力、记忆能力和输出能力同时达到相当水准，才能称为高效阅读。

换句话说，**高效阅读是一种快速而有效的阅读，是速度、理解、记忆、输出都能得到提升的更高层次的阅读能力。**

脑科学研究认为，人的大脑分为左右两部分，各自处理不同的信息内容，其中右脑主要是对图形和图像进行记忆和加工，而左脑主要是处理逻辑数字、文字等非形象的信息。

猎豹阅读法是一种充分利用脑科学研究成果，并经过实践检验的高效阅读法。高效阅读的原理是，利用左右脑对不同信息的识别优势，进行快速阅读和理解记忆。

使用高效阅读法阅读时，每分钟可阅读3000字以上，而且理解水平能达到70%以上。这一阅读速度是普通人正常状态下阅读速度的10倍还要多。

只要按照本书介绍的方法，扎扎实实地进行基础训练且持续阅读，你的阅读速度就会有显著提升。如果能综合使用多种阅读方法，你会很快实现速度快、效率高、能分享的目标。

为了更好地学习猎豹阅读法，我们有必要了解一下自己现在阅读能力所处的层次。

下面的测试，是阅读速度教学中最简单的测试方式，是一种仅针对阅读速度而进行的测试。首先请进行如下准备：

第一，选择书籍。选择三本对你而言读起来不是很难的书籍。书的种类不限，但里面别出现太多图表或者文字过小的内容，以帮助我们更好地了解自己的正常阅读状况。

第二，准备一支笔。什么类型的笔都行，目的是用来标记你阅读停止的位置。

第三，准备计时器。用闹钟或者手机都可以。

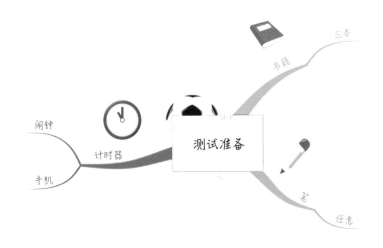

做好上述准备后，请按照以下的方法来进行自测：

1. 请坐到桌前，打开一本书，翻到自己未读过的页面。"未读过"是指近期都没读过，所以很久前读过的书籍也是可以用来测试的。

2. 定时 3 分钟，开始阅读。

3. 闹钟响起迅速停止阅读，并标注阅读结束的位置。

4. 计算每分钟的阅读速度：**每分钟的阅读速度（简称 WPM）= 每行平均字数 × 阅读总行数 ÷ 阅读总时间。**

$$\text{WPM} = \frac{\text{每行平均字数} \times \text{阅读总行数}}{\text{阅读总时间}}$$

阅读速度计算公式

数一下阅读的行数，如果有两个半行，算成一行。如一行只有一个字或者两个字，不计算在内。如果一行差一两个字，记为一行即可。每行平均字数，不用那么精确，我们只是用来测试当前的阅读水平。

举个例子：

天天小朋友选择了一本用来做阅读速度测试的书籍，读完之后，他数了一下这本书每行 33 个字，一共读了 40 行，共用时 3 分钟。

那么，他的阅读速度为：33×40÷3=440 字 / 每分钟。

为了让测试结果更接近真实水平，可以选择三本书来进行测试。测试流程相同，只是测试书籍换了。

最后，将三本书的平均阅读速度相加，再除以 3，得出的每分钟的平均阅读速度更接近你当前的阅读水平。

请记住，阅读测速只是检测你目前的阅读速度，在阅读时切忌紧张，也别为了显示自己的能力而过度提速，因为目的是检测你当前的正常阅读速度，看到自己的真实阅读状况。

因此，按照平时的状态进行阅读即可，这样才能真实地记录你当前的速度。只有每次的记录是真实的，才能看到此后自己阅读水平的变化。

现在我们看一下未受过高效阅读训练的不同人群应该达到的阅读速度：

序号	阅读人群分类	阅读速度
1	小学一年级至三年级	100~200 字 / 分钟
2	小学四年级至六年级	200~300 字 / 分钟
3	初中生	300~500 字 / 分钟
4	高中生	400~800 字 / 分钟
5	大学生	500~1200 字 / 分钟
6	成年人（25 岁以上）	400~600 字 / 分钟

假设你是一名中学生：

情况一，你每分钟的阅读量不足 300 字。

1. 如果自测用的书对你而言偏难了，可以重新选一本相对简单的书，按照以上测试方法重新进行测试。

2. 如果你的识字量或识词量不够，你可以每天花点时间去读自己感兴趣的书，1~2 个月后再重新进行测试，或许你会发现不同的自己。

3. 你可以增加阅读量，选择自己超喜欢的书或文章，培养阅读习惯。

情况二，你每分钟的阅读量在 300~600 字之间。

你现在的阅读水平处于中等层次。通过训练，你很快会取得进步，你现在需要做的是在训练过程中打好基础，学习控制阅读节奏，留意文章或书籍的组织框架，并培养阅读习惯。

情况三，你每分钟的阅读量在 600~1200 字之间。

你已经具有一定的阅读能力了，是一个比较优秀的阅读者，形成了阅读习惯。

但是你离一名优秀的高效阅读者还有很大的距离。通过训练高效阅读，你会发现原来你还有很大的上升空间。

需要留意的是，刚开始训练阅读技巧时你的阅读速度可能会下降，但要有耐心，相信通过新的阅读方法，不久你就会取得更大的进步，并能做到阅读仔细，控制速度。

在进行猎豹阅读法训练之前，阅读速度测试必不可少。

现在，无论你的阅读水平如何，都要恭喜你，你已经学会了测试自己每分钟阅读量的方法，并看到了自己当前的阅读速度。

影响阅读速度的因素有哪些

我们先做一个有趣的测试：

下列选项中，你觉得哪些阅读方法是正确的？

1. 用手指引导眼睛阅读会降低阅读的速度，因此不要使用手指。 ☐

2. 在文章中遇到理解障碍时，一定要努力把它搞懂，然后再往下阅读，
   使得理解具有连贯性。 ☐

3. 阅读时看到重要的内容，随时做笔记；遇到不认识的字随时查字典；
   笔记应该记录得整齐有序。 ☐

4. 动机与阅读无关，它不会影响我们阅读，也不会影响我们接受信息，
   更不会影响我们的阅读速度。 ☐

5. 读书速度越快，理解能力越差。 ☐

6. 只有把字一个一个地看清楚，我们才能真正理解内容。 ☐

7. 逐字逐句地阅读有助于增强理解。 ☐

8. 应该百分百理解阅读的全部内容，并记住全部内容。 ☐

9. 读慢一点，不能跳页阅读，没有搞懂开头别去读结尾。 ☐

你选择了哪几项呢？

其实以上表述都是错误的，这些表述涵盖了阅读的各种误区。

如果你认同上述选项中的观点，你的阅读习惯可能会越来越坏，阅读速度会逐渐降低，理解力也会下降。

或许，你也认识到上面的表述可能是错的，但行动上不一定能真正做出改变，因为你还没掌握通往高效阅读的正确路径。

不过没关系，现在正是改变的时刻。学习猎豹阅读法，会改变你对阅读的认知和习惯，你的阅读将变得更加高效。

阅读能力与眼球运动能力相关。这一理论，最早由正位视概念的提出者——法国眼科医生雅瓦尔在 19 世纪提出。

雅瓦尔发现人们在阅读文字时，眼睛并不是始终平滑地"扫"过眼前的文字，而是会在某一点停留一段时间（注视）。当眼睛沿着一行文字不间断地连续移动时，会短暂快速地移动（扫视）并夹杂着短暂的停留（注视）。

20 世纪以来，随着高速摄影、计算机等新学科、新技术的发展，对眼部扫视运动有了进一步的研究发现。

根据科学研究成果，我们在阅读时，眼睛会非连续、平滑地在每一行从左到右或者从上到下扫视，并持续进行有规律的跳起和停止运动，也叫跳止运动。在跳止过程中，眼睛会在信息上停顿。

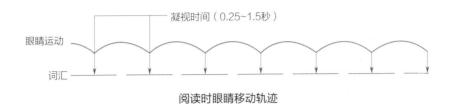

阅读时眼睛移动轨迹

比如，你在看电视换台的时候，眼睛要在屏幕上停留一下，才知道是否调到了自己需要的那个台。

这个摄取有效信息的动作，在高效阅读中有一个专业的词，叫作**凝视**。凝视的原理和照相机一样，眼睛眨一下就看到了景物，就像照相机咔嚓一声，就照下了景物。

不知大家用手机拍照时是否留意到，当你端起手机拍摄某个物体时，有的手机会自动对焦，此时你迅速按下快门图片就是清晰的。如果你端起手机停留时间过长，焦点就会开始模糊，需要不断调整才能清晰地拍下物体。这很浪费时间。

经过大量验证，在阅读时，眼睛会不停地、快速地"移动——暂停——移动——暂停"，并且只有在"暂时停留"的刹那，才能吸收信息。由此可见，**阅读时眼睛停顿时间的长短，是影响阅读速度的原因之一**。

如果有能够缩短眼睛每次停顿的时间的方法，是不是就能立即提高阅读速度呢？

经过脑科学研究表明，大脑接收信息的速率是每秒钟 126 比特，这是一个什么概念呢？

我们平时读书，每秒获取信息的速率只有 16 比特，仅仅占大脑这个巨大带宽的 1/8，剩下的 7/8 呢？大脑是不会让它们闲着的，会同时让这些功能做点别的，所以，你才有时间在阅读的时候开小差，东想西想。

所以，**我们根本不用担心眼睛移动过快大脑会跟不上的问题。不仅如此，只有我们在阅读时脑力全开，才会更专注于阅读。**

回读，是高效阅读的第二大障碍。

什么是回读？

就是读一行字时，你会不自觉地回看这一行的内容，或者说，你在看这页的内容时，又自然而然地去看上一页的内容，因此重复性地看了许多文字。

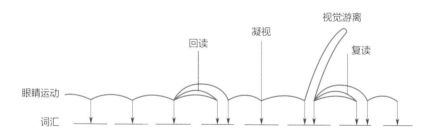

回读视觉的移动轨迹

我们来看一下这张图，再回想一下读书时自己眼睛的阅读轨迹是不是这样的，这就是回读。

回读分为两种：

- 有意识的回读。
- 无意识的回读。

有意识的回读，是读完一遍材料没读懂或不太懂时，有意识地再去重复读一遍。这样做是没错的。虽然对于高效阅读者而言，这不算是一种透彻理解材料的最有效的方法，但的确也是方法之一。

无意识的回读，是阅读时养成的一种下意识的习惯，是影响阅读速度的重要因素。猎豹阅读法采用科学的训练方法，可以纠正无意识的回读，使阅读速度有效提升。

阅读小练习

请阅读图片中的文字，并感受眼睛是否有回读的迹象：

请阅读这段文字，感受自己在阅读时眼睛的移动轨迹，看看是否存在回读和复读现象。

现在你应该会意识到，在阅读时原来真的会出现大量的回读。如果感觉不到也没有关系，因为我们的目标就是要减少回读。

那么，经过猎豹阅读法训练后，一名成功的高效阅读者的眼睛移动轨迹是怎样的呢？

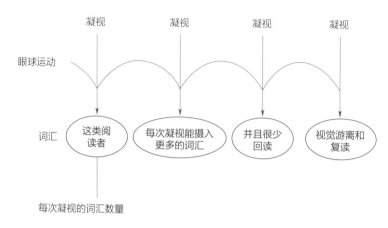

高效阅读者的眼睛移动轨迹

上面这张图，是一名比较优秀的猎豹阅读法学员在阅读时的眼睛移动轨迹。

我们可以看到，他不仅没有回读，而且阅读轨迹还往前大幅度移动。他的眼睛不仅往前移动，而且每次能够阅读 4~5 个字。

由于眼部肌肉也进行了训练，比一般人发达，不仅一次看到的内容会更多，还能逐渐过渡到以意群为单位进行阅读的阶段。由于并非逐字阅读，眼部疲劳程度也会有所减轻。

眼球肌是维持眼部功能的重要肌肉组织。通过眼球肌的有效收缩与舒张，能够促进眼球运动，增加眼部血液循环，缓解视疲劳。

眼睛的六种肌肉包括上直肌、下直肌、左直肌、右直肌、上斜肌和下斜肌，通过这六种肌肉的运动，能够提高阅读速度，开阔视野，提升思维的敏捷度，能够瞬间将图像输入视网膜，使大脑快速作出判断，提高一眼获取信息的能力。

提高对眼睛运动的控制能力，是提高阅读速度的重要手段。

锻炼眼部肌肉的方法有很多种，这里简单介绍几种，供大家参考。

方法一，转动眼球法。

这种方法也是比较常用的方法之一。先将眼球按照顺时针的方向分别向上、左、下、右四个方向转动，再按照逆时针的方向分别向上、右、下、左四个方向转动，每个方向定睛 1~3 秒钟，每组动作坚持做 6~9 次，可以很好地增加眼部肌肉的力量。

方法二，瞪眼法。

就是将眼睛缓慢地睁大，上眼皮努力向上提起，坚持 5~10 秒，再将眼睛缓慢地闭上，间隔 3~5 秒之后重复之前的动作。每次做 10~15 次，每天 3~5 次。

方法三，远眺法。

用眼睛眺望远方，中间不要眨眼，5~10 秒钟之后缓慢地将目光回收，这样不仅可以锻炼眼部肌肉，还可以缓解视觉疲劳，起到保护视力的作用。

方法四，米字法。

用眼睛写米字。如果你不能确定你的眼睛是否能写一个标准的米字，可以用手指比画一个米字，眼睛跟上动作即可。通过引导眼睛，可以多角度训练眼部肌肉，并且能更平稳地移动。

眼睛是心灵的窗口，更是阅读的入口。训练眼睛周边肌肉的控制能力时，请保持微笑，保持内心的甜蜜感。阅读是一件很美好的事情，不要让自己面目狰狞。当我们带着愉悦的心情阅读时，就像为大脑打开了一扇门，信息会更容易被吸收。

经过一段时间的锻炼，相信你会拥有一双炯炯有神的美丽大眼睛。

取悦大脑，才能高效阅读

现在，我们已经了解了影响阅读速度的两个因素——阅读停顿时长和回读问题，下一步就需要去找到能让眼睛快速向前，且不回读的方法。

不仅如此，这种方法还不能太难，太难了我们心里会抵触去做这件事情。

美国心理学家乔纳森·海特在他的著作《象与骑象人》中说，人的内心一部分像一头桀骜不驯的大象，而另一部分则像是一个理智的骑象人。

从大脑的构造来看，人的小脑和脑干——也就是所谓的爬行脑，就是那头大象，以情绪、情感和天生的欲望为主导。而大脑皮质层就是骑象人，会理性地思考。

象与骑象人理论

骑象人只有在不和大象的欲求发生冲突时，才能轻松指挥大象

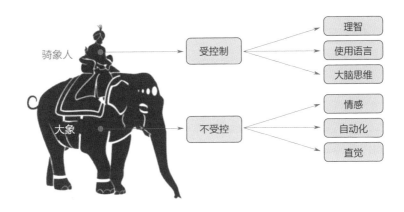

在乔森纳·海特的理论中，大象负责的系统是非常感性、直觉和情绪化的。比如，当我们碰到不喜欢的事情时，大象给我们的直觉反馈是厌恶、困难、拒绝、借口等。

而骑象人更多的是负责理性的东西，负责思考这样去做有没有价值之类的问题。

所以，在解决阅读阻碍问题的时候，我们首先要解决大象的情绪问题，因为如果大象觉得很难，你有再好的方法，它也不会开心地去学习。

那怎么办呢？当然是去满足大象的情绪需求，让大象感到学习很有

趣，"哦，这其实很简单嘛，原来只要去做就可以，我也会！"

所有一切改善阅读的好方法，都是围绕大脑的喜好展开的。

- 阅读训练的书籍要选择相对容易的
- 要启动阅读奖励机制
- 阅读训练方法要简单

因此，猎豹阅读法中所有提升阅读能力的方法都非常简单，一学就会。

如何选择相对容易的书？

可以到书店逛逛，随便找本书翻翻，如果感到难度超过了 50%，那么这本书对你而言就相对难了，读不了多久大脑就会抗拒进一步阅读它。

如果特别想了解这个较难的领域该怎么办？

在这个时代，你想看什么类型的书都能找到。即使同一个领域，也有不同形式的书籍出现。譬如历史书，既有《剑桥中国史》《剑桥世界史》这类学术性较强的、比较严肃的书籍，也有《半小时漫画中国史》《半小时漫画世界史》之类的通俗有趣的书籍。

比如我小时候喜欢《西游记》的故事，别人聊唐僧师徒四人西天取经的故事时，我听得津津有味。后来发现哥哥有一本《西游记》原著，于是我赶紧打开厚厚的书，结果翻了不到三页，就发现对我而言至少有

50%的内容看不懂，内心就开始抗拒阅读了。即便因为渴望读书，后面又多次拿起来，但也多次放下去，因为读不懂。

你是不是在读一本书时也遇到过同样的问题？比如在读哲学或经济学著作时，也会觉得很难读下去。

后来我发现了儿童版的《西游记》，内容不仅改编得通俗易懂，而且还配了很多精美的插图，便迫不及待地从头到尾一口气读完，别提有多高兴了！

后来在中学时，我还是读完了《西游记》原著，这不仅是因为我认识了更多的字，还因为有了早年读儿童版《西游记》故事的基础，再读原著就容易很多。

我们在选择阅读书目时，别太为难自己，太难了会让自己在阅读上产生挫败感。带着畏难情绪，只是为了完成任务而阅读，是极其痛苦的。不就是读个书吗？我们至于让自己那么痛苦吗？

懂得了选书的层次性，在适合自己的难度范围内选书，阅读就是幸福的、自信的。

研究人员认为记忆是一个过程，当你记忆时，实际上就是把保存在大脑中零零碎碎的信息进行重建。

究竟是什么引发大脑开始这个重建过程的，是一个仍待继续探索的课题。不过，已经有 20 个因素被科学家证实是人类大脑喜欢的，如果能够充分利用，学习效率将大大提升，达到事半功倍的效果。

在进行阅读训练之前，我们需要先了解一下这 20 个因素，在后面的训练中，这些知识会帮助到我们。

1. 大脑喜欢色彩

各种鲜明的色彩可以刺激大脑，影响大脑的认知和分析能力。科学家研究发现，橘黄色、浅红色可以刺激大脑的反应能力，提高注意力。绿色可以使大脑愉悦、放松，缓解紧张情绪。工作久了，不妨看一看色彩丰富的画作，看看绿色的植物。

所以，平时可以使用高质量的有色笔或有色纸进行记录，因为颜色能辅助记忆。猎豹阅读法的实践证明，在阅读训练过程中，使用以上相关颜色的细长物作为眼睛的引导物，比使用黑色、白色的引导物效果更好。

2. 大脑集中注意力最多只有 25 分钟

对成年人而言，学习 20~30 分钟后，就应该休息 5 分钟。持续地学习，不如有意识地间隔学习效果好。想要高效率地学习，切分时间是明智的选择。

3. 大脑需要休息，才能学得快、记得牢

如果你感到疲劳，可以先拿出 20 分钟小睡一会儿再继续学习。如果你为了赶工期，需要学习到深夜，不如先睡，4 点后起床再学习效果会更好。

4. 大脑需要优质燃料

大脑是一台珍贵而复杂的机器,所以你必须给它补充"优质燃料"。垃圾食品、劣质食品、所有化学制品和防腐剂,不仅会损害身体,还会削弱智力。

英国一项研究显示,饮食结构会影响一个人的智商。

5. 大脑是一个电气化学活动的海洋

电和化学物质在水里能更好地流动,如果你脱水,就无法集中注意力。专家建议,日常生活要多喝水,保持身体必需的水分,而且一天最好不要饮用相同的饮料,可以交替着喝矿泉水、果汁和咖啡等。另外,研究资料显示,经常性头痛和脱水有关。

6. 大脑喜欢问题

当你在学习或读书过程中提出问题时,大脑会自动搜索答案,从而提高你的学习效率。从这个角度来说,一个好的问题胜过一个答案。

很多家长接孩子放学,经常问的问题是:今天老师教的课程你学会了吗?不如改成:**今天你向老师提出了几个问题?** 好问题能让我们更具有创造性,而非仅仅是接受知识。

7. 大脑和身体有它们各自的节奏周期

一天中大脑思维最敏捷的时间段有几个,如果你能在大脑功能最活跃的时候学习,就能节省很多时间,取得更好的学习效果。

8. 大脑和身体经常交流信息

如果身体很懒散，大脑就会认为你正在做的事情一点都不重要，大脑也就不会重视你所做的事情。

所以，在学习的时候，保持微笑、端坐、身体稍微前倾，会让大脑保持警觉。

9. 气味影响大脑

香料对保持头脑清醒有一定的功效。薄荷、柠檬和桂皮都值得一试。

10. 大脑需要氧气

经常到户外走走，呼吸新鲜空气或运动一下，然后再进行学习，效果会更好，经常站着学习效果也非常不错。

11. 大脑需要空间

尽量在一个宽敞的地方学习，这对你的大脑有好处。

12. 大脑喜欢整洁

最新的研究显示，在一个整洁、有条有理的家庭长大的孩子，在学业上的表现更好。为什么？因为接受了安排外部环境的训练后，大脑会学会组织内部需要的技巧，所以记忆力会更好。

13. 大脑喜欢放松

当你受到压力时，体内就会产生皮质醇，它会杀死海马状突起里的

脑细胞，而这种大脑侧面脑室壁上的隆起物在处理长期和短期记忆上起
主要作用。因此，压力影响记忆，而锻炼可以改善压力。

14. 大脑并不知道你想做哪些事情，所以需要你告诉它

你想让大脑做什么，可以用自言自语的方式对大脑说出来，但是不
要提供消极信息，而是要用积极的语言传递信息。

15. 大脑如同肌肉，是可以训练和加强的

无论在哪个年龄段，大脑都是可以训练和加强的，这毫无疑问，不
要寻找任何借口。不要整天待在家里无所事事，这只能使大脑老化的
速度加快。专业运动员每天都要训练，才能有突出表现。所以你一定要
"没事找事"，不要让大脑老闲着。

16. 大脑需要重复

每次回顾记忆间隔的时间越短，记忆效果越好。因为多次看同一事
物能加深印象，但只看一次却往往容易忘记。

17. 大脑的理解速度比你的阅读速度快

用铅笔或手指辅助阅读，可以让眼睛移动得更快。大脑的理解速度
比眼睛移动要快得多，所以根本不用担心大脑会跟不上。

18. 大脑喜欢简单，也会联想

当你面对庞杂的事物时，进行归类，就会让事情变得简单。在面对

一件事时，不妨问问自己：它让我想起了什么？这样做有助于增强记忆，因为大脑能把你以前知道的知识和新知识联系起来。

19. 大脑喜欢好心情

开心程度和学习效率成正比，心情越好，学到的知识就越多，所以，让自己快乐起来吧！

20. 大脑喜欢新鲜

大脑非常喜欢新鲜的事物，带着好奇，大脑会自动探索事物，有利于保持大脑活力。

大脑也喜欢新鲜的食物，新鲜的食物可以给我们补充所需的维生素和营养物质。因此，养成食用新鲜蔬果的习惯，增添一些有趣的兴趣爱好，可以保持大脑的年轻和活力！

了解大脑喜欢什么，我们才能找到愉悦大脑、高效阅读的方法。

高效阅读基础训练——指读法

当我们了解了自己当前的阅读水平，了解了阅读的两大障碍是回读和停顿时长，了解了我们的大脑喜欢什么，激动人心的消除阅读障碍的旅程——指读法训练——就要开始了。

指读法，顾名思义就是用手指着文字来阅读，是一种被证实行之有效的高效阅读训练法。

但我更愿意用"**引导眼睛阅读**"这个词，因为我们不仅仅是用手指，还可以用其他引导物指着文字阅读。大脑发出指令后，手指或其他引导物可以引导眼睛匀速稳定地向前阅读。

当手指或其他引导物在书页上移动时，能有效引导眼睛更快、更准确地向前移动，有效消除眼睛停顿、回读的问题，让注意力更加集中，从而提高阅读速度。

有效移动并非乱动，如果你不能根据大脑指令执行，眼睛移动是无意义的。而有效移动，有助于在"一次凝视"中获取更多内容。

记住，所有高效阅读法的本质，都是让眼睛有效移动。

在正式学习指读法之前，我们需要做一些准备工作。

第一，选择引导物。

手指作为引导阅读神器本身是非常棒的，但有的人在进行阅读的过程中，觉得手指比较粗，会阻挡文字。因此可以使用自己喜欢的细长物作为引导眼睛的工具来训练阅读。

引导物可以是任何细长物——手指、筷子、指挥棒，借助引导物做眼睛的指挥官、导航仪，让眼睛随着引导物的指挥，流畅向前。

引导物指向东，眼睛能迅速到东；引导物指向西，眼睛能迅速到西；引导物匀速向前，眼睛就能匀速向前。

引导物可以是粉色的、绿色的、蓝色的，彩色能够刺激眼球聚焦，使得大脑产生的兴趣更持久。

第二，准备训练用的无意义材料。

什么是无意义材料呢？

就是材料中的内容没有任何具体意义，只是一些乱码。你可以找一些乱码或者不认识的英文、韩文等，排一下版，选择四号字体，用 A4 纸打印 10 份出来作为训练材料。

记住，这些只是一些乱码，我们不需要记住它。我们只是利用它训练眼睛的流畅移动，做到单点突破，消除回读和停顿即可。

如果一开始就用正常的书籍训练，许多人会受惯性思维的影响，看到文字就想知道内容，如此会严重影响我们的训练，无法做到单点突破、提高速度。

在面对新事物时，不要让大脑同时面对两个问题。一开始，如果既要做到眼睛流畅自如，又要了解阅读内容，注意力就会不平衡，一部分跑到理解内容上去了，无法进行专项训练。

再次强调，无意义材料的出现是为了训练而存在的，而非为了阅读而存在。如下图所示：

猎豹阅读法

Wuyt ytdnb apoiuj webgui sdfza sdhk 189uyt EWPOB0 erfbn kidyt lkzv75e___h09ncd axxxbbb mi73ghs EEUYf M<.741:1t 28rwwoa 456/12nb ~?>dfg 2546b dhjlknb zxcvbn5tykuilqw 189uyt EWPOB0 erfbn kidyt lkzv75e h09ncd kidyt loptrega cccv 369poilkjasdrt yuvrewq poilkjas apoiuj zxcvbn5tykuilqw FFGHJYT ??%$3greewzx bn5tykuilqw 189uyt HHH webgui sdfza sdhk 역사학 역사적 문헌 zxcvbn5tykuilqw22 문헌 456 erfbn kidyt lkzv75e 문헌 기록 필름 75e456 poilkjasdrt yuvrewq poilkjas apoiuj 123wepo 필름 fkiuyteeewww www450?/ 23 wwsdcerfb uitohj 367/필름 ggbnhb zxcvbn5tykuilqw 189uyt EWPOB0 erfbn kidyt lkzv75e 역사학 erfbn kidyt 1234yujhls 미안합니다 감사합니다 apoiuj webgui sdfza sdhk 16tremokjh aaa ccc 000 9865 asert x すみません感사합니 zxcvbn5tykuilq やまちまをわびる문헌기록 필름 5tykuilqw HHH webgui sdfza sdhk 역사학 xxxbbb mi73ghs36lllkuytrvbc mmms bhggffsefrlioj 666 もうしわけない e 문헌 456 erfbn kidyt lkzv75e 문헌 기록 필름 erfbn kidyt ん감사합 189uyt HHH もうしわけない ??<>147=+wernhy nbv axxxbbb mi73ghs EEUYf M<.741:1t 28rwwoa 456/12nb ~?>dfg 2546b dhjlknb zxcvbn5tykuilqw 189uyt EWPOB0 erfbn kidyt lkzv75e___h09ncd kidyt loptrega cccv 문헌 456 erfbn kidyt lkzv75e 문헌 기록 필름 75e456 poilkjasdrt yuvrewq poilkjas apoiuj 123wepo 필름 fkiuyteeewww www450?/ 23 wwsdcerfb uitohj 367/필름 ggbnhb もうし문헌わけないこ문헌んにちはげんき aaa ccc 000 ですかですか 367/ ｉ ki ma s zxcvbn5tykuilqw1 します 23 わた 5ty した sdkl ちの x4 それか yc zxcvbn5tykuilqw 189uyt EWPOB0 erfb わけない 189uyt HHH もうしわけな rrrvb bn5tykuilqw 189uyt HHH webguisdfza sd 역사학 역사적 문헌 zxcvbn5tykuilqw22 ら미안합니다 감사 189uyt EWPOB zxcvbn5tykuilqw 189uyt EW わ 269er け ujuj な 문헌456 erfbn kidyt lkzv75e 문 1 헌 기록 필름 75e456 poilkjasdrt yuvrewq poilkjas ppirzxcvbn5tykuilqw 189uyt EW 헌필름 fkiuyteeewww www450?/ 23 HOPOPOwer696 lpokijc 필름 5tykuilqw HHHwebgui sdfza sdhk 역사학 xxxbbb mi73ghs36lllkuytrvbc mmms やま 1 ち 25 をわびる문헌 기록いきますいきます?@$% / ｉ ki ma s zxcv

第三，引导方法。

指读法训练的目的是克服逐字阅读的习惯，提高阅读速度，所以在训练时，请别用引导物从头到尾在每个字下方移动，而是在每行的中间位置移动，也就是在去掉每一行前后 3~5 个字的地方移动。

如下图所示，每一行有下划线的部分，就是你的引导物要指到的地方。也就是说，引导物移动时，不用去关照每一行的前后几个字，而是在每一行的中间位置移动。

态度决定状态，状态自然决定成绩。

引导物在横线处移动

有句话说：守时的人不一定优秀，但优秀的人一定很守时。

因为守时就代表着自律，有责任心，会让人感觉靠谱、值得信赖，在团队合作和未来发展中更容易获得好机会。

横线部分是引导物移动的范围

对孩子来说，守时代表着有管理时间的能力，有计划、有责任心地学习和生活。

有次跟一位园长聊天，她说那些经常入园踩着点或迟到的孩子，基本都有拖延和不认真的问题。

所以，英国一些学校会向经常迟到的学生的家长收罚款，希望能引起对守时的重视。

每一行的首、尾3~5个字不指读，用余光扫视即可引导物在无意义材料每行下方移动时，要求引导物匀速向前移动，而非忽快忽慢，因为对于初学者来说，引导物忽快忽慢地移动不利于眼睛稳定、流畅地移动。

要让引导物从纸面上轻轻滑过，而非让引导物在每行下方移动时产生摩擦纸面的声音，这样会影响速度，阻碍流畅度。这一点很关键。

提示：

在进行高效阅读训练时，不要配戴隐形眼镜训练，以免眼睛不适应。

准备工作做好了，下面开始我们的指读法训练吧。

只要跟着书中的方法去做，就能立即改善回读和眼睛停顿时间长的问题，提升速度和理解，提高阅读效率。

提示：

在进行下面的阅读训练之前，别忘记本章第一节的要求，测试你当前的阅读速度。

现在，请跟着我的方法用无意义材料进行训练。

一、训练内容

让眼睛跟着引导物，匀速向前移动，消除前面所说的回读和停顿时间长的问题。

二、训练方式

利用碎片化时间，把它当成游戏。

三、准备工作

1. 拿出打印好的 10 张无意义材料。如果手头暂时没有材料，可以找一本 A4 大小的书籍，把书倒过来进行训练，稍后再去打印无意义材料。

2. 告诉大脑，每一行前后的 3~5 个字不用指到，眼睛的余光可以帮助自己看到那些。

3. 拿出计时器，定时 3 分钟。

四、开始训练

1. 当你开始阅读无意义材料时，请别眯着眼睛，要稍微睁大，将引导物在每一行下方移动。

大约两秒钟划过一行，每一行的首尾 3~5 个字不用指到。

眼睛不要看引导物，而是看引导物上方的字符。

训练时，暗示自己，头部不动，仅仅是眼睛动。有些人在训练时，难以控制自己的头部，不停地摆头，这会导致头晕。

如果你无法确认自己的头有没有动，可以用手机录制自己训练的视频，在训练结束后查看自己的头是否在动。

2. 当引导物移动到行尾的一刹那，请将引导物稍微抬高 1.5 厘米，然后迅速移到第二行，从左到右用 2 秒钟划过一行。

别忘记，无论引导物在哪一行移动，起止位置都是每行头尾去掉 3~5 个字的地方。

3. 每组训练时间定为 3 分钟。3 分钟一到，迅速在阅读材料中标记结束位置，再数一下自己 3 分钟内一共阅读了多少行，每行多少字。

为何一组训练设置为 3 分钟，而不是 15 分钟？

首先，3 分钟一组进行训练，可以充分利用碎片化时间。用喝杯水的时间、听一首音乐的时间就能训练一组。上班前、下班后、地铁上、等人时，随时随地都可以训练。

其次，如果一次训练 15 分钟，会影响训练效果。分开训练，能为我们创造更多的首因效应和近因效应，对记忆更有利。科学用时，缩短一件复杂事情的训练总时长，能更好地达到效果。

4. 将本次 3 分钟阅读训练的结果，登记到阅读进步表中：

阅读进步表

（第　　周）

姓名			年龄	
日期	书名		速度（WPM）	心得
1				
2				
3				
4				
5				
6				
7				

3 分钟指读训练

请按照上面的方法进行训练吧，注意：

1. 一天训练 5 组，每次 3 分钟。

2. 每组训练完毕后，至少休息 5 分钟后再训练。

3. 可以休息更长时间，但当天一共 15 分钟的训练务必全部完成。这样持续训练 15 天就能看到每一天的速度都有改变。

4. 切忌三天打鱼两天晒网。

5. 中间休息时，可以去散步，活动一下身体，或者看看户外，不要超过 3 分钟去做连续训练。

你会发现，随着你的熟练度提高，阅读会越来越流畅，3分钟所完成的阅读字数会越来越多。继续重复这个动作，直到你的引导物移动的速度和眼睛移动的速度达到一个协调的状态为止。

五、检验阅读

提示：

1. 每天完成5组（合计15分钟）训练后，再阅读3分钟，检验训练效果。也可以连续做5天无意义材料的训练，再阅读3分钟，检验训练效果。

2. 检验训练效果时，要用正常的阅读材料，可以是书，也可以是文章，而非无意义材料。

可以选择对你而言不太难的书或文章，看看这个时候你的阅读速度发生了什么变化。

3. 阅读时，依然是用引导物引导眼睛向前。记住，检验阅读时，以训练之后尽可能快的速度阅读。

4. 这3分钟的阅读，和未进行高效阅读训练之前一样，要以读懂材料为目标。

5. 3分钟一到立刻停止，根据前面所教的计算方法，计算每分钟的阅读速度（每行平均字数 × 阅读总行数 ÷ 阅读总时间），并记录到阅读进步表中。

与训练前的测试速度相比，你的阅读速度是否提升了呢？

无一例外，经过这样的训练，只需要5天，你的阅读速度就会发生很大变化，有可能从以前的每分钟 300 字，达到每分钟 800 字，甚至 1000 字以上。我的一位学员，经过 5 天训练后，阅读速度甚至达到了每分钟 3000 字以上。

你也许有点不相信，此时你可以再阅读 3 分钟试试，你会发现，这是真的。

为什么呢？因为**通过训练，你解决了无意识的回读问题、眼睛停顿时间长的问题、注意力不集中的问题。**

引导眼睛训练，是一剂能帮助你消除阅读阻碍的良方。引导阅读会让眼睛在阅读上的工作量减小，大脑也会容易集中注意力，不但不会有损于你的理解，甚至还会提升理解能力。

如果在训练时，你很快就能进入这个状态，立刻感受到引导的作用，那么恭喜你，你的禀赋相当不错。接下来要做的是加强训练，这才能让眼睛和手产生惯性动作，让眼部肌肉更加有力量。

也有些人可能要等到训练的第二天或者第三天才能感受到速度的提升，暂时不能感受到眼睛和引导物的协调统一，这些都很正常。对于大脑而言，重复才能变成长期记忆，才能变成习惯动作。

要暗示自己一定可以，别有太多的怀疑，不要总觉得自己这个不对、那个不对，这样是无法专注训练的。

训练的目的是高效阅读，当你每天完成总时长 15 分钟的专项训练后，你就可以选择自己感兴趣的书籍来进行阅读了。

经过训练,你的眼部肌肉不仅会变得发达,还能克服回读问题,阅读速读当然比一般人快很多。

当然,在训练过程中,每个人的阅读速度都不是一直向上的,而是波动式上升的。刚开始是缓慢起步,而后快速提升,再进入缓慢上升甚至停滞不前的状态。

请大家记住,这是一种正常现象,不要因为速度的起伏影响你的心情。

从教育心理学的角度讲,知识与技能的学习进程并不总是顺顺利利的,学习效果也并不总是随时间的增加而持续上升的。当学习到一定程度时,进步会出现暂时停滞,甚至出现倒退的现象,即"高原现象",在成长曲线上表现为保持一定水平而不再上升,或者有所下降。但突破"高原现象"之后,成长曲线又会上升。

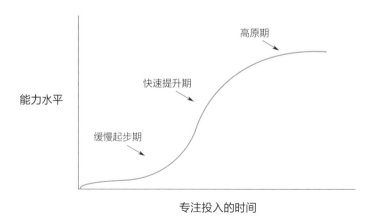

"高原现象"是学习过程中必须经过的一个阶段,它是能力与技术水平质变前的量变过程,一旦突破,能力与技术水平就会更上一层,同时取得质的提升,跨入新的境界。

想要克服"高原现象",就要坚持学习,不断探索,改进学习方法,克服学习上的困难。掌握了新的规律或技巧后,学习成绩又会逐步上升,进步的速度又会开始提升,能力水平会达到新的高度。

以上就是指读法的训练方法。

先去快乐地投入 5 天训练,再通过阅读检验一下你的阅读速度有没有改变吧。如果有,就请持续训练 10~15 天,然后再开启下一阶段的进阶学习。

高效阅读进阶训练——321 阅读法

通过前面的基础训练,你的阅读速度是不是已经有所提升了呢?

接下来,我来给大家介绍"相对阅读",带领大家踏上高效阅读的赛车道,在赛道上去飞驰人生。

就像学习驾驶一样,一开始我会先教大家如何驾驶,当熟练到一定程度后,我会教大家如何根据不同路况切换速度,比如,路况崎岖不平时我们会降低速度，路况好时会加大油门飞驰向前。

提示：

在进行高效阅读训练时，请不要配戴隐形眼镜，以免造成眼睛不适。

什么是相对阅读呢？

相对阅读，就是在进行高效阅读训练时，通过循序渐进的方式不断提升阅读速度。训练速度发生变化，阅读速度也会发生变化。训练速度不变，阅读速度也会不变。

我们先来做两个眼球运动的小游戏。

游戏一

找个人坐到你的对面，请他转动眼球去尽量画一个规则的圆圈。你仔细观察他的眼球运动，是否画了一个规则的圆。如果他不能画出规则的圆，那么你们互换角色，看看你是否能画出一个规则的圆。

结果如何呢？

事实上，无论你多么努力，结果也只能画一个近似于圆形的多边形。

这就是人眼与生俱来的工作机制，在没有任何外界辅助的情况下移动眼睛，既无法画出完美无缺的圆形，也无法画出工整的方形。

阅读的时候也是这样，尽管你感觉自己的眼睛一直在沿着一行文字匀速移动，但是视线实际上是在大脑毫无察觉的情况下来回跳跃。

之所以做上面这个小实验，是希望我们每个人通过自己的亲身体验，都能认识到眼睛回跳的严重性。

游戏二

再请一个人坐到你的对面，你用手指在他的眼前画一个匀称的圆圈，
让他的眼睛跟随着你的手指移动画圆。你仔细观察他的眼球运动，是否
是一个规则的圆。如果他做到了，你们互换角色，看一看你是否能做到。

这一次结果如何呢？

你会发现，结果比不用手指引导要好很多。

这说明我们的眼球其实是可以被指挥的，有了手指的引导，可以轻而易举地画出任何一个简单的几何图形。而且在引导下，眼睛的移动轨迹也会更圆滑，不会出现随意乱跳的现象。

眼睛在没有引导的情况下沿
圆周运动所显示的轨迹模式

眼睛在引导下沿圆周运动
所显示的轨迹模式

现在你或许能深刻地理解眼睛是可以被引导的，是可以被训练得更好的器官了。使用引导物在书上画线，有助于我们减少不必要的回跳和复读。

如何进行相对阅读训练呢？

我称该方法为"321阅读法"，就是原本需要3分钟阅读完的文字，通过训练，用2分钟就能读完，然后再进阶到用1分钟也能读完。

321阅读法的核心在于：掌控时间、拉伸时间。

在进行相对阅读训练时，要将训练材料改为有意义的阅读材料，而非之前用到的无意义材料。因为我们提升速度的目的，不仅是要把阅读时间缩短，还要能更有效地阅读。

研究表明，长期运动，人的大脑会发生惊人的变化。一个运动员的目标感、耐力、追求一件事的专注力和持久度都很强，这是长期运动的结果。

2016年一项调查结果显示,63名省级高考状元中，有34人喜欢体育；2017年调查结果显示,42名省级高考状元中，有24人喜欢体育。那些操场上特别活跃的孩子，一般学习也特别优秀。

这是为什么呢？

人在运动的时候，体内会产生多巴胺、血清素和内啡肽，这三种神经传导物质，都和学习有关。

多巴胺能让人感到快乐，保持快乐的学习状态。如果心情不好，是无法很好地学习的。

血清素可以释放压力，让情绪更加稳定，提高记忆力。

内啡肽能提高专注力，让孩子们上课更加专心。它也是天然的止痛药。如果想避免和别人争吵，不妨先去跑一圈再来解决问题，这时情绪会被释放，处理问题的效果会完全不同。

改造大脑三杰

哈佛大学、耶鲁大学等机构关于人类脑计划的研究发现，坚持运动可以明显促进大脑的发育，而且运动不仅健脑，还会让我们的内心变得更加强大。

我们可以把上述方法迁移运用到学习中。不断重复这个训练过程，眼脑手配合就会变得非常协调。

要实现321阅读法的目标，训练时需要把难度分解，逐步提升难度，分为三个阶段进行：

第一阶段：3分钟阅读，2分钟训练，1分钟读完之前3分钟阅读的内容。

第二阶段：3分钟浏览，2分钟超速，1分钟读完之前2分钟阅读的内容。

第三阶段： 3 分钟浏览，2 分钟超速，1 分钟读完前面读的内容。

第一阶段训练

一、时间要求

一共训练 5 天，每天训练 3 组，每组 6（3+2+1）分钟。

二、准备工作

1. 此时需要选择的阅读训练材料是书，要选择想读的、感兴趣的书来进行训练，而不是特别难懂的书，训练材料的难度别超过自己接受程度的 20%。

2. 阅读时，将书按照 45 度角斜放好，将引导物准备好，计时器准备好，灯光调整好，坐姿调整好，双脚平放地面呈 90 度，深呼吸放松，保持微笑。

三、开始训练

1. 阅读 3 分钟

将引导物在每行文字下方移动，每一行前后 3~5 个字不用指到，要求读懂。读完请标记位置。数一下 3 分钟一共读了多少字，把数据记录到阅读进步表中。

读懂,是指你知道你读了什么,不要跳行,不要跳字,不要盲目阅读。这里要求的阅读速度,是训练阅读无意义材料之后的正常速度。

比如你完成无意义材料的训练之后,检测阅读训练效果时,测算的速度比你最初要高,达到了每分钟 800 字,那现在要用每分钟 800 字左右的速度来阅读并做到读懂。

2. 刻意拉伸

定时 2 分钟,把刚刚 3 分钟阅读的内容再读一遍,也可以读超过这 3 分钟的内容,但不能少于刚才 3 分钟阅读的内容。如果少了,请重新做一遍,达到时间要求为止。

拿引导物在每行下方移动,每一行前后 3~5 个字不用指到,要求读懂。

由于你在刚才 3 分钟训练时已经读懂了这部分内容,再读时基本上不需要在理解上费脑力,所以 2 分钟你是完全可以做到的。暗示自己,"我可以"。

如果你没完成任务,也不要沮丧,因为现在是在进行眼部的刻意拉伸,逼迫我们的眼睛移动更流畅,并由此提高专注力。我们要做的是再做一遍,直到达到目标为止。

这个过程中要做到:**眼睛跟着引导物快速向前,同时控制文字量和时间,高效达到提速目标。**

当你 2 分钟能读完原本 3 分钟才能读完的内容时,标记一下位置,数一下 2 分钟一共读了多少字,再把阅读速度数据记录到阅读进步表中。

3. 强力拉伸

定时 1 分钟，把刚刚 3 分钟阅读完的内容，用 1 分钟读完。

阅读时拿引导物在每行文字下方移动，每一行前后 3~5 个字不用指到，要求读懂。

刚开始，你也许会觉得这个目标有点难，认为自己很难完成。你可以一边做一边暗示自己：

"我的眼睛非常灵活，能够跟随引导物迅速将一行的信息尽收眼底，只要跟着引导物快速向前，1 分钟读完也难不倒我。我完全可以做到 1 分钟读完刚才 3 分钟的内容，甚至读更多内容。"

只要多做几遍，相信你一定可以达成目标。达成目标后，标记一下位置，数一下 1 分钟一共读了多少字，把数据记录到阅读进步表中。

第一阶段训练

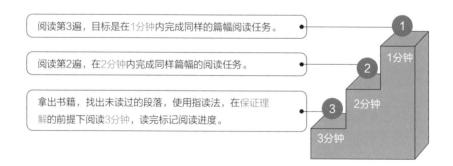

小练习

请按照上面的方法进行训练，注意：

1. 定时 3 分钟，开始阅读，要求读懂内容。

2. 用 2 分钟再读一遍同样的内容。

3. 再用 1 分钟读完同样的内容。

4. 无论是 3 分钟、2 分钟，还是 1 分钟，阅读训练的内容都相同，但时间改变了，因此速度也改变了。

根据我的教学经验，第一天训练时，用 2 分钟完成 3 分钟阅读内容的任务，人人都可以做到，用 1 分钟完成 3 分钟阅读内容的任务，可能会有点难度，但只要训练三天，就能达成目标。

如果你正在训练，只要尽力而为、专注其中即可，不用去纠结速度是否有提升。因为现在我们是在做阅读训练，而不是真正阅读。

提示：

1. 在做第二组训练之前，先休息 5 分钟，可以做 50 个开合跳，也可以外出散步 10 分钟，总之你需要去运动、喝水，然后再进行第二组训练。

2. 在做第三组训练之前，也先休息 5 分钟，同样可以做 50 个开合跳，也可以外出散步 10 分钟，然后再进行第三组训练。

3. 每天至少要完成三组训练，每组训练用时 6 分钟（3+2+1），合计每天用时 18 分钟，但每组中间要至少休息 5 分钟以上，并且要运动。尤其是办公一族，更要运动后再进行阅读训练。

4. 将三组数据记录到阅读进步表中。记录时，3 分钟阅读了多少内容就记录多少，不用换算成每分钟的平均速度。2 分钟和 1 分钟各阅读了多少内容也是如此，不用换算成每分钟的平均速度，这样可以更直观地看到自己训练的情况。

4. 检测阅读

18 分钟的 321 阅读训练完毕之后，选择新的材料进行阅读，时间是 3 分钟，检测自己的训练效果。将检测得到的每分钟平均的阅读速度，记录到阅读进步表中。这次你的阅读要计算每分钟平均的阅读字数哦。

这样，一天的训练任务就完成了，第二天、第三天、第四天、第五天，请重复这样的动作。

好了，看到这里，赶紧去训练去吧。建议连续训练至少 3 天后，再进行接下来的内容。

第二阶段训练

当你完成了第一阶段的 5 天训练之后，相信你的阅读速度和理解能力已经同步提升了，但这只是你走上高效阅读道路的开始，你还有很大的潜力可以挖掘。

如何能够更好地提速呢？还需要继续进行第二阶段和第三阶段的练习。

第二阶段的 321 阅读训练任务是：

首先，用 3 分钟浏览需要阅读的材料。

其次，用 2 分钟浏览原本 3 分钟浏览完的内容，阅读量只能多不能少，少了就再做一次，直到达成第二步目标为止。

最后，用 1 分钟浏览原本 2 分钟浏览完的内容，阅读量要多于之前 2 分钟阅读的内容，少了请再做一遍，直到达成第三步的目标为止。

每组都这样进行训练，一天做三组，至少训练 3 天。

练习方法仍然是使用引导物，在每行文字下方移动，每一行前后 3~5 个字不用指到。

第二阶段和第一阶段有什么区别呢？

第一阶段 3 分钟阅读的内容，要求读懂，而第二阶段 3 分钟阅读的内容不要求读懂，是浏览，知道内容是什么即可，要求降低了。

就像你去动物园，在有限的时间内随便逛逛，不要求对每个场馆进行深度了解。为什么呢？因为浏览比理解速度快。

所以，第二阶段的 3 分钟对阅读速度的要求提高了。浏览的内容必定会多，后面的 2 分钟与 1 分钟想要超越这个内容，难度会随之加大。

下面，请按照要求开始第二阶段的训练：

一、准备工作

1. 准备阅读训练材料。选择想读但不是特别难懂的书或文章来进行训练，训练材料的难度不要超过自己接受程度的 20%。

2. 将书以 45 度角斜放好，准备好引导物，调整好灯光，准备好计时器，调整好坐姿，双脚平放地面，保持微笑。

二、开始训练

1. 阅读 3 分钟

浏览训练材料 3 分钟，浏览完毕请标记位置。只需要知道大概内容是什么即可，无须达到理解的程度。

数一下 3 分钟一共浏览了多少内容，把数据记录到阅读进步表中。

2. 刻意拉伸

定时 2 分钟，要在 2 分钟内阅读超过原来 3 分钟的量。如果没达到目标，就再做一遍，直到达到目标为止。让你的眼睛跟随手指或引导物快速向前，同时控制文字量和时间，达到高效提速的目标。

完成任务后，请标记一下位置，数一下 2 分钟一共读了多少字，把数据记录到阅读进步表中。

> **提示：**
> 重点不是读懂内容，而是进行眼部的刻意拉伸，逼迫我们的眼睛移动更流畅。

请记住，这是一个训练，并非真正的阅读。

3. 强力拉伸

定时1分钟，在1分钟内读完之前2分钟阅读的内容。这个任务目标，对你来说可能会有困难，但多做两遍，你一定可以达成目标。因为内容你已经浏览过两遍了，这次重点要放在超速上。

你可以一边做一边在心里告诉自己：

"我的眼睛非常灵活，能够跟随引导物迅速将一行的信息尽收眼底，只要跟着引导物快速向前，1分钟读完也难不倒我。我完全可以做到1分钟读完刚才2分钟的内容，甚至阅读更多内容。"

不断重复这个训练，眼脑手配合就会非常协调。

达成目标后，标记一下位置，再数一下1分钟一共读了多少字，把数据记录到阅读进步表中。

提示：

1. 做第一组训练时，用2分钟超越原本3分钟阅读的内容几乎人人可以做到，但用1分钟阅读原本2分钟阅读的内容可能就会有点难度了，尽力而为即可，不用纠结，因为我们现在是在训练。

2. 在做第二组训练之前，先休息5分钟，可以做50个开合跳，或者照照镜子，看看自己的眼睛是不是变美了，也可以外出散步10分钟，总之要去运动、喝水，然后再进行第二组训练。

3. 在做第三组训练之前，也先休息5分钟，去运动、喝水，然后再进行第三组训练。

4. 三组训练数据都需要记录到阅读进步表中。记录时，3 分钟阅读了多少内容就记录多少，不用换算成每分钟的平均速度。同样，2 分钟和 1 分钟也是如此，都不用换算成每分钟的平均速度，因为这样可以更直观地看到自己的训练状况。

4. 检测阅读

每天训练得比较顺利的同学，可以较快地完成训练任务。在 2 分钟和 1 分钟的阅读训练中不太顺利的同学，用时可能会稍微长一点。但不要太纠结时间，享受其中的乐趣吧，万一你这样训练之后，真的发现了一个不一样的自己呢？

三组训练完成之后，选择新的内容阅读 3 分钟，检测自己的训练效果。将检测阅读的每分钟平均速度记录到阅读进步表中。

这样，一天的训练任务就全部完成了，第二天、第三天，请重复这样的动作。如果感到自己训练得不是很流畅，请增加时长，可以连续训练 7 天。即使你的阅读速度一点也没提升，也会通过这样的阅读训练收获一个好习惯。

第二阶段训练

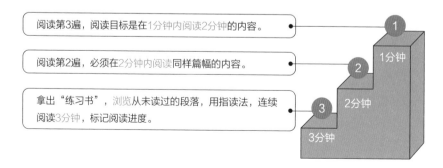

小练习

请按上面的方法进行训练，注意：

1. 先定时 3 分钟浏览材料。

2. 用 2 分钟再浏览一遍，要求只能多不能少。

3. 再用 1 分钟浏览一遍 2 分钟所读的内容，只能多不能少。

4. 无论是 3 分钟阅读，还是 2 分钟、1 分钟阅读，阅读内容都包含了 3 分钟阅读时的内容，只有超出的内容是不同的。

阅读训练时，要始终保持微笑，保持放松，避免出现坏心情。要学会调整自己，做到流畅自如地阅读。

在时间上，每一次的阅读速度要比上一次有提升，保持阅读的流畅度，保持在拉伸区的学习状态。一直待在舒适区，不利于我们成长。

好了，看到这里，赶紧去做训练吧。建议至少连续训练 3 天后，再进行接下来的内容。

第三阶段训练

第三阶段相对来说难度是最大的，但也难不倒你，你有办法唤醒无限的潜力。

在我们进行第三阶段的阅读训练之前，请先了解以下内容：

紧张，会影响我们阅读。不仅如此，紧张会影响我们做一切事情，包括考试。一旦紧张，就无法发挥自己的正常水平。

为了更好地做这一组训练，你需要先放松。只要放松，这一组你就能很轻松地做好。

如何放松才能达到高效学习的状态呢？

科学研究证实，大脑可产生四类脑电波：

在紧张状态下，大脑产生的是 β 波。

当身体放松，大脑比较活跃，灵感不断的时候，大脑产生的是 α 波。

当睡意蒙眬时，大脑产生的是 θ 波。

进入深睡状态时，大脑产生的是 δ 波。

可见，如果我们想身心放松、大脑活跃、灵感不断，就需要产生 α 波。这个波段出现的时候，人的学习状态会更好。

精神放松，有利于综合运用快速阅读的各种技巧。如果大脑紧张，就会出现杂念，心情烦躁。这样不仅会降低阅读速度，还会降低记忆力和思考力。

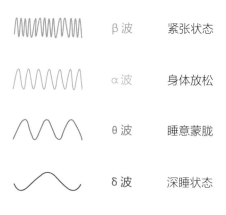

脑电波（Brain Waves）

每次阅读或者安静不下来的时候，可以借助音乐或冥想来缓解紧张。先放松精神，才能全神贯注地投入阅读。

所以，以后每当你拿起书的时候，请保持微笑，以愉快的心情拥抱阅读，拥抱未来。

前面已经阐述了运动能改善我们的身心状态。除此之外，这里再告诉大家三个方法：

方法一，心锚，相信内在暗示的力量。

当我们在生活中遇到困难时，要给自己一个有力量的暗示。训练时，一定要暗示自己：这一组的训练效果一定会比上一组要更好；阅读遇到困难时，要暗示自己：我能搞定，没什么难的，别人能做到的，我也能。

这些都是自我暗示的心锚力量。

大家在训练阅读时，要相信自己一次比一次好，设定数据增长目标，让每天有可见的进步。

方法二，333 呼吸法。

保持微笑，用 3 秒钟吸气，要求吸气到丹田，丹田在肚脐眼下方一点点的位置。然后屏住呼吸 3 秒。紧接着，运用 3 秒钟，缓缓地匀速呼气。在意念上，要想象吸进去的都是美好，呼出去的都是废气。

333 呼吸法，能让人暂时告别负面情绪，或者让眼前的状态暂时消失。这个方

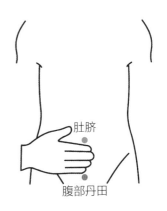

肚脐

腹部丹田

法适用于每次阅读或者考试之前，在紧张、炎热的时候也都适合。

方法三，利用音乐。

音乐的作用实在太强大了。音乐是优美的语言，可以帮助我们提升阅读速度，逐渐消除默读，帮助我们提高专注力，增强语义训练的能力，还可以治愈忧伤。可以说，音乐是引导物中的引导物。

不过，我们要注意**在不同的环节需要不同的音乐，训练时需要快节奏的音乐，而阅读时需要舒缓的音乐。**

现在，我们用音乐放松的方法开始第三阶段的训练。

选择一段快节奏的轻松的音乐，在播放时可以把音量调高一点，让眼、脑、手，跟着音乐节奏来进行训练，看看能否比你之前训练时更加流畅。流程如下：

第一，定时 3 分钟，用快速浏览的方式了解训练材料的内容。

播放音乐，请大家拿起前面的训练材料，翻到从未阅读过的地方，快速浏览 3 分钟。训练时，手指在每一行的下方快速移动，别紧挨着纸张，不要影响流畅度。姿势坐直，记住头别动，只是眼睛跟随引导物移动。

感觉怎么样？

一开始你可能处在兴奋中，这个时候大脑接收信号的能力会一点点打开，由此会接受更多的信息，也能加快我们眼球运动的速度，从而提高我们的阅读速度。

当你跟着音乐做完，会产生惊喜。做完后将你训练的数据记录到阅读进步表中吧。

第二，定时 2 分钟，把刚刚 3 分钟训练的内容重新阅读一遍，内容量可以比之前多，但不能少。

训练时，可以以每 2~3 行文字为一组，引导物可以在每 2~3 行文字左边点一下，右边点一下，这样速度比在每一行下方从左到右移动快多了。以这种方式用引导物引导眼睛在 2 秒内看完 1 页。

你的引导物可能是在三行纸面上画了一个小 s，或者是在三行之间走了一个 Z 的形状。只要专注力保持集中，一页很快就扫过去了。

身体坐直，记住头别动，只是眼睛跟着手指移动。这 2 分钟阅读的内容量，要超过你之前的所有数据。

第三，1 分钟训练。

用引导物引导眼睛，在每页文字上画出大 S 形，或者从上到下在每页正中央写数字"1"，要求 1 秒之内看完 1 页内容。记住，这是一个训练，无须看懂，只需要你的眼睛跟随手指，专注力高度集中快速向前进行。

此时你要做的是加快翻页的速度。

第三阶段训练

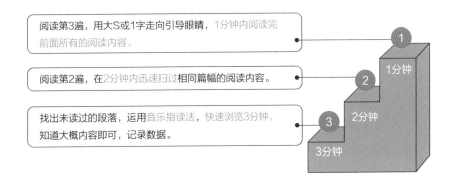

阅读第3遍，用大S或1字走向引导眼睛，1分钟内阅读完前面所有的阅读内容。 ①

阅读第2遍，在2分钟内迅速扫过相同篇幅的阅读内容。 ②

找出未读过的段落，运用音乐指读法，快速浏览3分钟，知道大概内容即可，记录数据。 ③

1分钟
2分钟
3分钟

由于时间限制，训练时，引导物无法在每一行的下方移动，也无法在每一行文字下方左边点一下右边点一下，直到看完 1 页。只能让大脑发出指令，让眼睛 1 秒钟看完 1 页。

此时，引导物引导眼睛可能是在书页上画了一个从上到下的"1"字，也可能是一个大 Z 字。无论如何，1 秒钟要浏览完 1 页。

姿势坐直，记住头别动，只是眼睛在跟着引导物移动。尽管你在一页纸上画一个"1"，也要让眼睛跟着移动，目的是训练脑部高度集中在引导物的指挥中，进行脑力全开的训练。

为了便于你理解第三个阶段，请看下图。

321阅读法训练要求

每组之间，纵向越来越快		第一组	第二组	第三组
	3分钟	🚀	🚀🚀	🚀🚀🚀
	2分钟	🚀🚀	🚀🚀🚀	🚀🚀🚀🚀
	1分钟	🚀🚀🚀	🚀🚀🚀🚀	🚀🚀🚀🚀🚀

三组之间，横向越来越快 →

再说一遍，请记住，这只是训练，不是阅读。不是让你真的 1 秒钟读完 1 页书，但你这样训练后，后面在真正阅读时，就会有惊喜。

提示：

在进行 2 分钟和 1 分钟训练时，注意以下几点：

1. 手不要紧挨书本，增加阻碍，让引导物流畅自如地在文本的每一行下方一点点的地方移动。胳膊可以放在桌上，手腕带动引导物移动。

2. 在每行字的中间位置移动。例如，一本书每页每行有 33 个字，引导物只需要在中间 8 个字左右的底部位置稍微停留即可，从第一行到最后一行写"1"字，或者带动眼睛走大 S。

3. 引导物要匀速移动，让眼睛和大脑都跟上。避免引导物移动时忽快忽慢，因为我们训练的目的是控制眼睛。

4. 第三阶段的 3 分钟阅读是了解文本，这意味着 3 分钟可以看到更多的内容。此时 2 分钟和 1 分钟只是训练眼睛移动的流畅度与速度，不用去考虑内容。

5. 2 分钟训练要求引导眼睛 2 秒钟过 1 页，此时引导物带动眼睛走 S 形状，也可能是 Z 字形。不管是什么形状，只要专注地做到 2 秒完成 1 页即可。

6. 1 分钟训练要求引导眼睛 1 秒钟过 1 页，此时引导物可能会出现大 S 形状，也可能是"1"字形。不论什么形状，只要专注地做到 1 秒完成 1 页即可。

以上就是第三阶段的训练方法，每天训练 3 组，每天 18 分钟，连续训练 5 天。训练中间休息时，别忘记喝水和运动。训练中，合理利用音乐，可以让我们训练得更流畅。

通过第一阶段、第二阶段和第三阶段的强化训练，我们无须运用任何仪器，就能挖掘出与生俱来的阅读能力，掌握快读阅读的精髓——拉伸时间、超越自我。

以上训练非常有趣，如果你不去实践，便无法感受到通过这样的训练，你在无形中提升了多少倍阅读速度，理解力得到了多大的提升。在逐渐掌握并熟练运用这种方法后，你在阅读时会感到轻松和舒畅。

如果你没有进行过大量阅读，请从训练高效阅读开始吧。

猎豹阅读法

瞄准『猎物』

明确目标，准确理解

目标阅读法，让阅读有价值

提到高效阅读，你会想到什么呢？

很多人会说，高效阅读是指读得多、读得快、读得好。但我们不要忘记"多、快、好"的重要前提是理解。没有理解，"多、快、好"就永远只是一座"空中楼阁"，换句话说，没有理解，我们并没有真正从阅读中获得有价值的东西。

有的朋友曾参加过高效阅读训练，实现了阅读速度提升 5 倍以上的目标。但是如果让他将阅读内容表达出来，他会发现仍有难度。

我在教高效阅读的课程时，都会问班上的新学员一个问题：在看完一本书后，你能否有能力跟家人或朋友分享这本书的内容？

90% 以上的新学员的回答是：做不到。

在阅读时，很多人总是看到哪就是哪，没有进行思考。阅读完之后，脑海中就只剩下一些残留的记忆，并没有自己理想中的收获。

所以，有的朋友会感慨，一本书往往读完就忘，好像跟没读一样。

问题究竟出在哪里？

做个小测试，为了更好地获得书中的信息，你现在有两个选择：

1．逐字逐句去阅读，最后确保获得了全部信息才作罢。
2．在阅读前，确定具体目标，然后采用高效阅读的技巧去阅读。

你会选择哪一种方法呢？
当然是第二种，因为阅读目标越清楚，读起来越容易。

现在我们做一个小试验，请你在 10 秒钟或者更短的时间内，找出下面段落中"秋叶"这个词一共出现了多少次。

秋叶的美，是一种回归本原的宁静，也是一种生命无言的轮回。从绿到黄或红，装点了不同季节，都是一种生命的色彩。

片片秋叶，写满了秋天的诗意和哲思。喜欢听一树叶子，在秋风中，飒飒作响的声音。那声音，是秋的旋律。

秋叶的美，宛如夕阳的美。都道是夕阳无限好，只是近黄昏。

秋叶，也是一片叶子生命的黄昏。黄昏中，更多的是对往昔的回忆。拾起地上的一片秋叶，泾渭分明的是叶片上的纹络，丝丝缕缕的又像是生命所经历的全部路程。每一条都镌刻着一段曾经的风景，风景中有美好也有失落；每一条都记载着一个不同的故事，故事里有喜悦也有哀愁。

相信你在阅读这一段时，会迅速去寻找"秋叶"在这个短文中出现了多少次，并且能准确地回答出现了 5 次。

是不是又快又准！

我们只是拿一个文章片段来进行试验——你的回答是 5 次还是 3 次不重要，重要的是，我们据此知道，**设置一个目标就能立刻让我们的阅读速度加快，并且记忆效果更好。**

带着目标阅读，可以让我们精准选定阅读重点，不仅能更高效、更快速地阅读材料，成功找到需要的信息，而且会获得一个意外的收获——阅读目标范围缩小了，阅读速度也会加快。

这是因为，我们在阅读文章时为了迅速锁定目标，会着重关注阅读目标所指向的内容，对其他内容可以做到了解性地一掠而过。

相反，如果无目标地阅读，即使你当时阅读速度很快，理解也能达到 70% 左右的程度，但让你介绍书的核心内容或者让你进行一次分享，你也许会感到非常茫然、吃力——因为你没有阅读目标。

记住猎豹阅读法的精髓：无目标，不阅读。

阅读，与我们的每日饮食有点类似，不仅在于它可以为我们的生命提供养料，而且两者都需要一个去粗取精的过程。

稻谷需要去掉谷壳才能煮成米饭，吃水果要削皮、去核。有舍有得，才能有效地摄取食物的营养，口感才会如你所愿。

读书亦如此。无论是找不到重点，还是认为从头到尾都是重点，实质其实都一样——你并不能真正地吸收这本书的营养。

阅读时必须要树立目标，抓住重点，提取核心，才能真正产生阅读价值。具体来说，以下步骤必不可少：

第一步，先定目标再读书。

不管是阅读工具书、小说，还是教材，肯定是希望在书中找到对我们有所帮助的内容。这个时候带着问题去阅读，很容易找到我们需要的内容，而不是漫无目的地看到哪儿就是哪儿。

第二步，有选择地阅读（寻找关键词）。

如果有疑问，可以对照目录去有选择地阅读，一边寻找自己需要的内容去重点阅读，一边提取和记忆关键词。

第三步，对关键词进行加工。

有了记忆的关键词之后，要对关键词进行分类、合并，加工成自己能够理解的内容。

第四步，用关键词解决自己的问题。

这个时候再结合之前的问题，如果能够用自己提炼的内容解决问题，那么这本书的作用就基本实现了。如果这本书不能解决你的问题，还可以进行相关主题的阅读。这些内容，本书后面都会讲到。

提升阅读速度，只是猎豹阅读法学习的一部分，我们在理解和输出上也能做得更好。

提取核心句，读懂一本书

中心思想是文章的灵魂，最能体现中心思想的当然是文章中的核心句了。

核心句，就是文章的核心思想句。

一本书由章节组成，章节由段落组成，段落由句子组成，句子由核心词组成。

一本书，或者一篇文章，都是作者表达某种观点的载体。我们把作者在书中力图表达的观点或者文章围绕其展开论述的核心，称为主张。

让我们翻开手边的一本书或一篇文章，很显然你会发现并非书中的每个词、每个段落都属于主张。

一本书或者一篇文章的内容编排，通常采取的是"二八原则"，即大约 20% 的内容阐述的是该书或文章的主张，这是核心，而剩下的 80% 的内容是为论证该主张所提出的事实、观点、数据等，是用来说服读者的。

一个高效的阅读者会怎么做呢？

他会迅速找到这 20% 的内容进行重点阅读。而这 20% 的内容，由段落中的核心句组成。对于剩余的 80% 的内容，则快速地翻阅而过，这样就不会浪费太多的时间。

所以，对于高效阅读者来说，他们不是一成不变地按照一个速度去阅读，而是采取"变速"的方式去阅读。

因为哪些地方该快读、哪些地方该慢读，完全有规律可循——**对重点、难点的地方要加以重视，对非重点的地方，用前面学过的高效阅读法一扫而过。**

这样不仅可以让大脑和眼睛劳逸结合，而且可以让注意力得到更好的分配，储存重点，不在非重点上浪费太多的精力。

掌握了核心句，在阅读时就知道哪里是重点，不仅阅读理解能力可以获得更好的提升，还能让阅读速度再次提高。

譬如，前面提到的关于"秋叶"的短文，我们在阅读时有着明确的目的性——寻找"秋叶"这个关键词在文章中出现了几次，就运用了"二八法则"。阅读目标虽然是那个 20% 的部分，却无形中把其余的 80% 的内容也顺便了解了，我们的大脑比你想象得要厉害得多！

俗话说，好看的皮囊千篇一律，有趣的灵魂万里挑一。这句话套用在阅读上，可以理解为唯美华丽的语句很多，其实真正有内涵的语句并不多。所谓有内涵的句子，其实就是文章的核心句。

学习高效阅读的目标，就是快速找到这类有内涵的句子——核心句，才能更好地理解文章。

我们要明白，所有作者，其目标都是让别人读懂自己的主张。作者在阐述自己的主张时，会采用符合人们认知和学习规律的表达方式。

所以，提取核心句是有方法的。

那么，如何快速提取文章的核心句呢？

第一，从标题中发现核心句。

在做阅读培训时，我发现一个有意思的现象：如果一个班同时有新学员和老学员在，几乎所有新学员在阅读时都不怎么关注标题，甚至阅读结束后问他们文章标题是什么，他们通常会回答"忘记了""没关注"。

没想到吧？多数人阅读时是不关注标题的。如此看来，阅读时无目标，读完就忘似乎也在情理之内。

实际上，无论是书籍还是文章，标题都是核心内容的高度概括，绝大多数标题都能揭示出书籍或文章的重点和研究主题。

事实性的标题，往往清晰地表达了文章的内容，比如《儿童教育心理学》《教你的孩子如何思考》《宇宙简史》等。

有些书不仅有主书名，还有副标题。副标题的作用，是为阅读提供明显的线索，揭示文章的内核，并用一句话告诉我们这本书想要解决什么问题。

比如《上瘾》这本书，书名是"上瘾"，但读者看到这个名字时会好奇:是什么上瘾,为什么上瘾?带着这个疑问,再往下看副标题"让用户养成使用习惯的四大产品逻辑",便恍然大悟。

《只管去做》这本书也有主书名和副标题,只看"只管去做",还不明白这本书要解决什么问题,但看完副标题"让你迅速实现增值的目标管理法",就能迅速得知目标的指引对人生很重要。

从内容编排上讲,一本书的内容主要是为了论证这本书的大小主题。因此,看清书名、搞懂这本书想要解决什么问题非常关键。如果看不懂书名,就看副标题。如果副标题也看不明白,就看序言,序言中会告诉读者这本书可以解决什么问题。

当你拿到一本书或打开一篇文章,应当认真去关注标题,并简单推测一下:

- 这本书的核心可能会是什么?
- 作者想帮我们解决什么问题?
- 作者是什么身份,对于写这本书是否具有权威性?

第二,根据阅读材料的类型寻找核心句。

看懂了主标题和副标题后,还要去思考一下阅读材料属于什么类型。因为同一类型的阅读材料,往往遵循相同的写作规律,有着相似的框架和脉络。针对不同的阅读材料,采用不同的阅读方法,会让阅读变得更加轻松、高效。

我们平时常接触的阅读材料,大致可以归结为以下三种基本类型:

新闻、文学作品、实用类书籍。

1. 新闻

新闻的写法基本遵循"5W1H"原则。"5W1H"是新闻的六要素：何时（When）、何地（Where）、何人（Who）、何事（What）、何故（Why）、如何（How），简称"5W1H"。简单来说，就是"某人在某时某地如何做了某事，出现了何种结果"。

高手看一篇新闻报道，只读主标题、小标题以及导语，就能了解新闻的大概内容。

这是为什么呢？

因为新闻为了吸引人的注意力，往往是采用倒金字塔结构来写的，把最重要的信息放在开头介绍，何人、何时、何地，发生了什么，事情的结果是什么，再写事情的起因和经过。先说大家最想知道的信息，后面再按照重要程度逐渐展开，便于新闻的传播。

导语就是新闻的开头，以简练生动的文字介绍新闻中最重要的信息，揭示消息的核心。所以，导语的语句往往很精炼，也最重要。

2. 文学作品

文学作品的种类很丰富，主要包括小说、诗歌、散文、戏剧等。人们最常阅读的，无疑是小说。

小说以塑造人物形象为中心，通过故事情节叙述和环境描写反映社会生活。下面，以《红楼梦》为例，介绍一下提取小说中的核心句的方法。

首先，关注主人公的出场，关注描述人物最初出场时富有动作性的句子，把握人物关系。

在《红楼梦》中，曹雪芹是通过贾宝玉的视角来描述林黛玉出场的：

两弯似蹙非蹙罥烟眉，一双似喜非喜含情目。态生两靥之愁，娇袭一身之病。泪光点点，娇喘微微。闲静时如姣花照水，行动处似弱柳扶风。心较比干多一窍，病如西子胜三分。

整个《红楼梦》，林黛玉所有的事情都与这段话有关，生动地刻画出林黛玉的美丽聪慧、多愁善感、体弱多病以及多情的内心世界，从而塑造了林黛玉这个人物的形象。

所以说，这段话就属于《红楼梦》中的核心句。

其次，寻找体现主人公性格的关键细节以及影响故事情节走向的转折点。

核心句通常涉及重要的细节描写或转折点，要注意那些描述人物情感、环境变化或情节发展的句子。《红楼梦》对"黛玉葬花"有大段的细节描写，其中"质本洁来还洁去，强于污淖陷渠沟"，突出林黛玉的人物性格，同时也是对林黛玉个人命运所做的伏笔铺垫。

最后，关注小说主人公的退场。

在文学作品中，主人公的结局最能体现作者的意图和观点，也是评价文学作品价值的核心。

《红楼梦》中对黛玉之死的凄凉描写，表现出了封建社会的残酷无情，以及人性的弱点和局限性。

当然，小说的情况比较复杂，篇幅有限，这里无法展开阐述这一问题。

3. 实用类书籍

实用类书籍，顾名思义是指具有实用价值的书籍，可以给读者带来实际帮助和指导，引领读者在生活中更好、更快地成长和进步。

实用类书籍包罗万象，内容涵盖面广，如职场提升、学习技巧、人际沟通、创业创新、金融理财等。

实用类书籍常用到的黄金结构是：

- 能够解决什么问题
- 如何解决问题
- 证据支撑

对于实用类书籍，快速提取其核心句的方法是：

首先，寻找书或文章想要解决什么问题。

只有找到作者想要解决什么问题，才能判断这是不是自己想读的书，有没有必要继续阅读，是否能解决你的问题。一般来说，这部分内容占比很低，约占一本书的 3% 左右，却很关键。

这部分内容往往在书的封面、封底、目录、序言中就能找到。

其次，重点关注作者是如何解决这个问题的。

作者既然提出了要解决的问题，那么一定会给出解决问题的具体方案。实用类书籍就是为了解决问题，我们在阅读时，要锁定目标，直接寻找能体现作者解决方案的核心句。这部分内容占一本书的17%左右。

以上两部分，体现了作者的主张，是阅读的重点。而我们阅读的目标，就是找到能体现作者主张的核心句。

最后，有针对性地去看作者是如何论证自己的观点或解决方案的。

作者为了证明自己提出的解决方案的可信度，需要提供引证、图示、案例、数据支持等，这部分内容大约占一本书80%左右。

一本书或一篇文章，其重点往往是一段结论、一句总结、一个方法、一个故事。其他大部分内容，都是非重点，只是为了论证重点内容而存在的，是对重点内容的说明、论证、铺垫和推演。

对于非重点内容，不用花太多精力，记住重要的支撑即可。

记住，对于实用类书籍，我们阅读的目标是获得能在实际生活中应用的内容，思考类似问题是怎么解决的，所以不要在无关紧要的细枝末节上浪费时间。

第三，从作者的角度去阅读，捕捉文章的核心。

1. 关注首段、尾段

阅读时，你的注意力可以集中在首段和尾段，注意分清主要段落和次要段落。

一般来说，文章的开头两段都很重要，会介绍文章大意和写作主旨。阅读文章开头的第一二段时，要力求抓住文章大意、背景情况和写作主旨。同时，在第一二段中，文章的风格、口吻或语气等也会有所体现。

无论作者的语气是轻松愉快的，还是尖锐讽刺的，作者的态度是肯定支持的，还是怀疑否定的，都会对你理解整篇文章有很大的帮助。所以，要把重点放在这部分。

在阅读这部分内容时，可以稍微慢一点，读懂后，再去浏览其他内容。

2. 了解段落大意

当我们知道一篇文章的主旨是什么后，就要练习找到段落的主题句了，也就是中心句。

段落中的句子一般都和某一个主题有关，但中心句一般都是概括性很强的句子。一般情况下，每一段的第一句话就是中心句。如果第一句是过渡句，我们就需要看第二句或者最后一句。有些作者会在段落的最后一句总结自己的观点。

事实上，95%的段落主题句都在第一句，这也是为什么第一句通常被称为主题句或中心句。但也有一些文章在第一句和最后一句都简明扼要地说出了段落的核心点，你可以用自己的语言来总结概括主题句。

学会阅读每段的第一句和最后一句，是了解文章主旨大意的好方法。这个方法也是许多高效阅读高手采用的方法，因为找到了主题句，几乎就能推测出整个段落的内容。

很多阅读高手看书的乐趣其实不在看书本身，而在于一本书拿到手，他们可以根据书名预判出书的内容，在看书时，他们是在做检验工作，来体验自己分析成功的痛快感。

3. 关注关联词

在阅读时，我们可以借助关联词，譬如"总之""一句话""因此""实质上""综上所述"等提示性语言，去判断这些词的后面都是重要内容或者中心句。

这是因为，作者用了较大的篇幅去阐述某一问题后，往往要小结一下，这时就常有提示性语言出现。有的词语会反复出现，也是重点。

关联词使文章的句子、段落形成一个有机的整体，服务一个主题，表明开启、转折、延伸、因果等逻辑关系。

关联词会帮助你弄清文章的语言层次，明晰句段之间的逻辑关系，从而让你快速准确地了解文章的中心意思和作者的写作意图。

4. 归纳概括

有的文章或段落中并没有明确的中心句，就需要我们自己去概括，用我们自己的话总结出来。

为了在阅读时能更好地把握文章主旨和中心句，我们来做一下训练，看看每段文字的中心句在哪里。

（1）中国古典诗词，穿越时代而仍然有着浸润心灵、启迪人心的力量。拥有强大内心的独臂女孩张超凡，人生处处是诗意的修车大爷王海军，"千磨万击还坚劲"的抗癌农民白茹云，自信返场的北大工科博士陈更，横跨汉字听写大会、成语大会和诗词大会的全才彭敏，拥有古典气质的夺冠才女武亦姝……100余位诗词大会的选手都是普通人，是诗歌让他们在或浮躁纷扰、或艰难困苦的环境中仍能保持一份恬淡、宁静，也让观众感悟到古典诗词滋养的诗意人生，在春风化雨、润物无声中，汲取我们民族生生不息、发展壮大的丰厚滋养。（中心句在第一句）

（2）人们常常把人与自然对立起来，宣称要征服自然。殊不知在大自然面前，人类永远只是一个天真幼稚的孩童，只是大自然机体上普通的一部分，正像一株小草只是她的普通一部分一样。如果说自然的智慧是大海，那么，人类的智慧就只是大海中的一个小水滴，虽然这个水滴也映照着大海，但毕竟不是大海。可是，人们竟然不自量力地宣称要用滴水来代替大海。（中心句在第二句）

（3）如何让传统文化与现代生活对接？《中国诗词大会》也给了我们有益启示。在诗词大会中，竞猜、"飞花令"等对抗性活动的安排，增加了节目悬念；超大演播室、水舞台、大屏幕意境展示等全新舞美设计，增加了节目观赏性；手机摇一摇等新媒体互动、多屏传播等技术手段应用大大提升了节目的趣味性和参与性。诗歌与传媒、文化与科技的有机结合，为传统文化搭起了一个最大的、最接地气儿的课堂。（中心句在结尾）

为什么有的人不能顺利找到一本书的核心呢？

我想主要有两个方面的原因：

第一，没有完整的知识体系，逻辑思维、分析推理能力比较弱。

第二，不了解作者写作的基本结构。

对于第一点，可能需要很长时间去积累，罗马城不是一天就能建成的，知识体系的构建需要较长时间的学习和刻意训练。学过猎豹阅读法的同学在这方面就会比较有优势，他们每年最少可以阅读 100 本书籍。读书快、读书多的同学显然可以更快地搭建知识体系。

对于阅读内容，我建议大家先去读与自己人生愿景、与工作相关的书籍，根据个人知识背景和需求选择相对容易一点的书籍，有意识地花一些时间进行阅读训练，通过高效阅读先形成量的积累，这样能在更短的时间内实现知识体系的突破。

对于第二点，学习本章内容就能搞定。即便你是没有阅读基础的人，也能通过本章内容的学习快速地找到一本书的核心内容。

能发现并提炼出核心点，是读懂一本书的标志。

思维导图法，增强阅读理解力

前面我们介绍了如何快速、准确地理解各种文本，如何找到核心句，提升文本阅读时抓取重点的能力，从而逐渐提高自己的阅读理解能力。

现在，当看到一段包含以下内容的文字时：

- 核心句
- 证明核心句观点的数据、案例等文字

我们就会知道，阅读时应该重点关注第一项核心句，对第二项证明核心句观点的数据、案例等文字可以快速浏览。

来看下面这张图片：

扩句法一树叶

加量词：一片树叶

加颜色：一片绿色的树叶

加形状：一片绿色的扇形树叶

加地点：一片绿色的扇形树叶，躺在地上

加形容词或副词：一片绿色的扇形树叶，懒洋洋地躺在地上

加时间：清晨，暖洋洋的阳光下一片绿色的扇形树叶，懒洋洋地躺在地上

加嗅觉：清晨，暖洋洋的阳光下一片绿色的扇形树叶，懒洋洋地躺在地上，散发着一股淡淡的清香

加动态：清晨，暖洋洋的阳光下一片绿色的扇形树叶，懒洋洋地躺在地上，散发着一股淡淡的清香，引来了一只好奇的蝴蝶围着它翩翩起舞。

你发现了什么？

一个名词——树叶，在逐步增加量词、颜色、形状、地点、时间、五感、动态词汇后，竟然变成一篇生动的短文，这是不是很神奇！

上图中所举例的内容，运用的是发散思维扩句法。我们可以看到，整篇文章的核心点只有两个字——树叶，但却可以通过创造变得花枝招展。

如果掌握这种方法，即使连造句都困难的孩子，也能写出优美的句子，写作有困难的孩子，也能写出生动的文章。

当然，只学会发散思维扩句法，不代表就一定能写出优秀的文章，但要想成为高效阅读者，就必须明白写作的套路——**一篇文章、一段文字，核心点往往只有一个，作者所做的不过是围绕核心点不停地扩充、修饰，但这些扩充、修饰工作都是为了核心点服务的。**

所以，我们在读书时，要善于抓核心、抓本质，体会作者的心思，明白作者要解决的问题，并练习精准提取的能力。

主动思考，是学习中很难做到的事情。善于找到核心，精准有效地提取核心点，是将被动学习变成主动思考的关键。

那有没有一个工具，能帮助我们实现主动学习，学习者既能精准提取核心，又能分享给别人，还能让别人看得见自己的思维过程与结果呢？

有，那就是思维导图。

下面三张图，你最想先看哪张图？

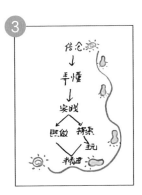

我猜大家都喜欢看第三张图，清晰、明了、有颜色、有图示。第二张图虽然也比较清晰，但由于颜色少，大脑对它的兴趣适中。但和第一张相比，大脑会更乐意看第二张图。

远古时期人类就运用图形来记录信息，洞穴中的壁画就是证明。而后，人类逐渐发明了文字，并将思考模式、因果关系、逻辑结构以图文方式进行有效传递。

思维导图是一种模拟大脑思维方式的工具，是思维的地图，对应的英文叫 Mind Map——Map of Your Mind，即呈现出大脑思考内容的可视化图形。

思维导图雏形可追溯到公元 3 世纪的波菲利之树，波菲利之树展示了生物的分类、分级。

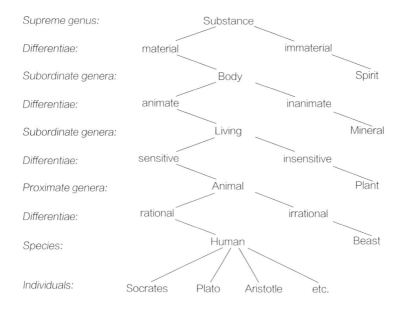

下图是达尔文绘制的生命之树，当时他开始感觉物种之间可能存在进化关系。这幅图可能是目前为止绘制的最重要的思维导图，虽然可能会有些争议，不能确定它是否跟其他思维导图属于同一类型。

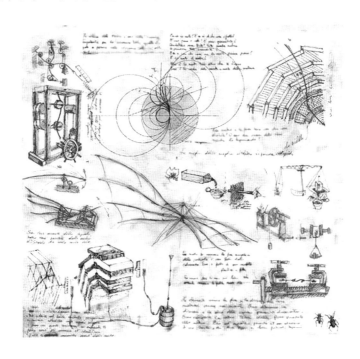

1974 年，东尼·博赞在他主持的 BBC TV 剧《使用你的大脑》（*Use Your Head*）节目中第一次介绍了"思维导图"（Mind Map）这个概念。既然在电视节目中介绍"思维导图"，就说明东尼·博赞对此已经研究了一段时间，并且有一定的知名度了。

人类一直以放射状发散性思维在思考，经过上千年的演化积累，最后由东尼·博赞发明了思维导图这一工具，帮助我们用更高效的方式去思考。

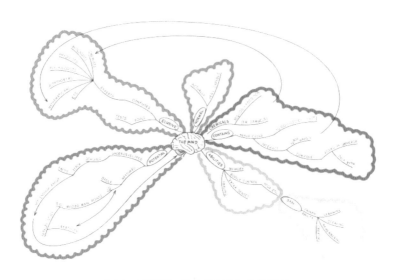

东尼·博赞第一次在节目中展示的图片

　　思维导图可以帮助我们厘清思路、发散思考，并将大脑的思维发生过程与结果以结构化的方式呈现出来，让每个重点清晰可见，从而快速有效地解决阅读理解问题。

　　思维导图被称为思维领域的瑞士军刀，是剑桥大学、牛津大学、哈佛大学等世界名校的必修课。微软、迪士尼、通用电器等世界 500 强企业都在推进员工学习思维导图。现在，我国的大、中、小学校的老师和同学们，也在使用思维导图工具。

你一定见过冰箱使用说明书或者电视使用说明书，但是你见过大脑的使用说明书吗？

思维导图就是大脑的使用说明书。

我们的一切行为都是经由大脑思考之后的反应，但你知道我们的大脑是按照怎样的方式进行思考的吗？

举个例子：

马上要到国庆节长假了，你想到终于可以休息了，感受愉悦心情的同时，大脑已经又在飞速运转，一边思考着要不要和朋友聚一下，一边思考着是回家看望父母，还是整理家务……

是的，这就是我们大脑的思维方式。它并不是像一条线一样的单一思维，也不是结构化地出现，而是由节点生发出来，是网状、发散性的。给它一个触点，它就会向四周发散出很多和这个触点相关的内容。

正如大树，从一根主干向四周发散生长出许多枝干，又从枝干长出再细一点的枝干，甚至树叶的纹理都是这样生长的。

大脑就是像这样进行思维发散的。所以我们才会经常出现想法很多、可就是抓不住的感觉。

我们在学习和工作中遇到的各种各样的问题，譬如阅读时无重点，听课时缺乏专注力，工作时效率低下、逻辑思维差、不能清晰地看到核心点等，事实上并不是因为能力差，而是因为缺乏好的学习工具和思维模式。

运用思维导图，可以把大脑内部的节点与发散性思考呈现在纸上，让我们清晰直观地看见思考的路径，并将其化繁为简，以结构化呈现。

思维导图一边调用左右脑，一边运用图像、文字的形式，用柔和的弧线将发散性的想法有结构地相连，能够及时捕捉我们每一个一闪而过的灵感，并借助颜色、图像、符号、代码，增强趣味性、联想力和记忆力。

思维导图可以锻炼我们的发散思维、收敛思维和结构化思维，实现在各个场景中的应用，帮助我们有效地解决问题。

一、发散思维

发散思维的方向，是由中心向四面八方展开的，它能帮助我们打破常规，不拘一格，多方展开，不断求新。

譬如一本书中，作者围绕文章的核心问题，运用图解、举例、数据等方式展开论述，运用的就是发散思维。

下图是对"思、维、导、图"四个字展开的联想，体现的就是发散思维。

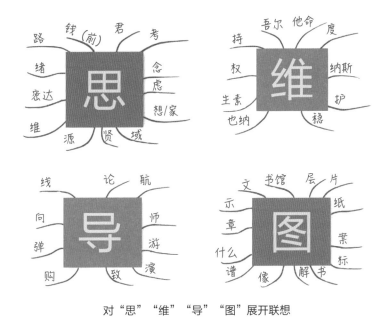

对"思""维""导""图"展开联想

二、收敛思维

收敛思维强调归一、论证、求实。但收敛思维并非保守，而是向各个领域敞开后，再将信息、知识、方案集中起来，从中找到更符合客观实际的答案。收敛思维的方向，是从四面八方向中心靠拢。

每个段落都有核心句，当我们找不到明确的核心句时，为了更好地理解和表达，就需要自己进行高度概括，这时运用的就是收敛思维。

一本书，激励作者思维发散，
一张图，读者收敛千言万语。

三、结构化思维

思维导图是有结构的，它像一面大网一样把思维导图中看似分散的点，也就是关键词，连成线、形成面。厘清关键词之间的逻辑架构，找出它们之间的内在关联，才能织成思维导图这张大网。

猎豹阅读法认为，读完一本书不算高效阅读，还要运用思维导图进行结构化输出，化繁为简，以简驭繁，形成体系清晰的梳理能力、联结知识的创新能力、系统有序的结构化能力。

在阅读中，结构化输出有多种方式：

对于实用类书籍，可以通过了解目录看到作者的逻辑线，也可以打破作者设定的先后顺序，重新梳理出自己的逻辑结构。

对于文学作品，可以通过情节结构化呈现，包括开端、发展、高潮、结局四部分。如果长篇小说人物众多，先厘清人物关系，对阅读理解很有帮助。比如按"细节刻画塑造人物，典型事件改变人物，前后对比深化人物"这个思路厘清人物关系后，整个小说的框架构思就清晰地呈现出来了。

在阅读中，借助思维导图进行结构化呈现，思维能力和理解能力会显著提升。同时，与写作进行有机结合，还会提升写作能力。

学习思维导图，必须要了解并掌握思维导图的六大要素和四种逻辑关系。

一、思维导图六大要素

思维导图的六大要素包括：中心主题、枝干线条、关键词、图像、颜色和结构。简化记忆为：**心、线、词、图、色、构。**

为了方便大家理解，我们可以把一幅思维导图比喻成一棵大树：

- 中间的树干就是导图的中心主题，也就是中心图。
- 沿着树干会长出许多由粗到细的大树枝，就是导图的大纲主干。
- 每一个大树枝又会长出许多中树枝、小树枝，这就是导图的分支。
- 每个树枝上的树叶就好比是导图的关键词；树叶长在树枝上，也就是关键词画在线条上。
- 树上开出鲜艳的花朵，花朵就代表颜色。

猎豹阅读法

•树上结出的丰硕果实，就是关键的图像。

最后我们再来鸟瞰这棵大树，整体是呈放射状的，体现的是放射性思考的导图结构。

这样，我们就能通过这棵大树来回忆起思维导图的核心六要素了，下面我们进行一一说明。

1. 心——中心主题

（1）中心主题，即整个思维导图的制作主题。中心主题词一定要选择精准，充分代表这个思维导图的中心思想。

（2）一个思维导图只有一个中心主题，放在纸的中心位置，纸张横放。

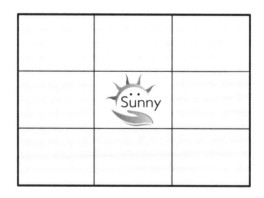

（3）中心主题的文字要适当大一些。

（4）中心主题最好使用三种以上的颜色来绘制，以取悦喜欢颜色的大脑，便于记忆。

只有图像
主题不明

只有文字
信息单一

图文并茂
主题明确，信息多元

（5）绘制时，不要考虑是否画得好不好，只要你认为能够帮助你记住就好。

2. 线——枝干线条

（1）枝干，分为与中心主题相连的主干（一级分支）和与主干相连的二级分支、与二级分支相连的三级分支……

（2）主干必须由粗到细，与中心主题连接的地方粗，然后逐渐变细。除主分支有粗细之分外，其他分支粗细一样。

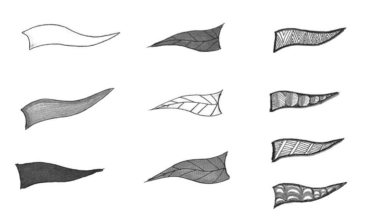

（3）分支尽量使用弧线形状，大脑更喜欢这样的形状。支与支之间要紧密连接，不能断开。在绘制线条时，避免绘制垂直的线条，以便书写关键词，也便于阅读与复习。

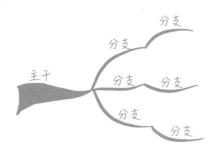

（4）一个类别使用一个颜色，更符合大脑对颜色的识别习惯，记忆时不容易混淆。

（5）绘制时从1点钟的位置开始画第一个主干，犹如钟表的行走方向，顺时针绘制内容。为了便于未学过导图的人士阅读，最好在枝干上标明序号，同时序号也能辅助记忆。

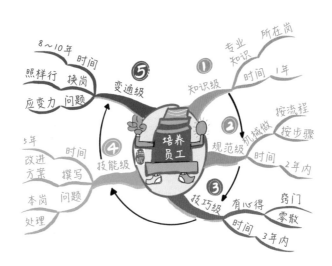

3. 词——关键词

枝干上的词叫作关键词，是概括性较强的词。关键词分记忆性关键词和创意性关键词。

记忆性关键词：容易产生图像联想、形象鲜明的名词，动作感较强的动词，比如电视机、高楼大厦、爆炸等。

创意性关键词：概念笼统、难以产生图像联想的词，比如渗出、美丽、奇怪等词。

（1）**关键词长短**。尽量使用简短、精炼的词，一般使用名词、动词，尽量控制在 4 个字以内，便于思考和转化。无法拆分的词可加图文框来呈现。不要使用长词组和长句子。

（2）**关键词颜色**。与枝干的颜色一致，或者全部用黑色，便于识别。

（3）**关键词书写**。关键词要在线条的上方横向填写，不压线，不写在线条下方和末端。主枝干上的关键词大，分支线条上的关键词小。书写要工整，别忘记提取出来的要是关键。

（4）**关键词可以用图形来表示**。全图思维导图往往用来呈现节日庆典、诗词记忆等，但如果供他人阅读，最好用文字对导图内容做补充说明。思维导图如果没有文字，只有绘制的人才知道图形表达的是什么意思，仅供自己阅读可以不用补充说明。

（5）**关键词提炼**。关键词是知识在大脑里加工（知识内化）后输出的产物，知识在大脑里加工就是记忆的开始。在阅读后输出导图时，需要自己去画才能达到高效学习的效果。使用他人绘制的思维导图来学习，效果一般，因为每个人提炼关键词的视角不一样。

4. 图——图像

在绘制思维导图时，可以使用图像补充说明关键词或者某个重要的概念。图像记忆法与思维导图是非常完美的结合，"思维导图＋快速记忆"，让天下没有难读的书。

思维导图中的图像分为插图、联想记忆图和文字转换图。

插图：主要用于娱乐性阅读、强化记忆。

联想记忆图：在重要的知识点处画图，与需要记忆的知识点进行关联，大脑通过这些图进行联想记忆。图不要求画得准确，只要能够帮助自己记忆就可以，奇形怪状的图更容易辅助记忆。我们可以回想一下，是不是越特别的越吸引眼球，并深深地印在大脑中。

文字转换图：是指将一些抽象的词，重要的定理、定义、公式等，自由组合想象出图像。一般使用生活中让我们印象深刻、难以忘记的食物、玩具、喜爱的用品等进行记忆和联想。

5. 色——颜色

人对于颜色的敏感度要比文字更强，颜色可以给人带来乐趣，同时带来感官刺激，让人印象深刻。在思维导图中，人们通常会应用八种颜色，黑色是基础色，也就是勾线色。

（1）在阅读时绘制思维导图的目的，是帮助记忆、建立系统知识框架，所以在条件允许的情况下，一定要使用颜色，颜色能够使大脑兴奋，更有助于记忆。

（2）一个大分类使用一种颜色，中心图尽量使用三种以上的颜色。

（3）重点知识，不使用图标时，也可以用你最喜欢的色彩标记。

（4）思维导图的颜色不要过于丰富，眼花缭乱会引起大脑反感，影响记忆效果。

6. 构——结构

思维导图的结构，指导图的外部结构布局和内部逻辑结构。

（1）思维导图的外部结构布局表现在绘制技巧上。布局是指图要尽量对称，让视觉舒适。线条之间保持均等距离，文字之间保持均等距离，图标大小尽量一致，内容上左右布局保持平衡。大脑喜欢放松，也容易接受对称美，容易接受就有助于记忆。

（2）思维导图的内部逻辑结构，是指内部主干的逻辑分类与分支上的关键词的逻辑关系。主分支必须与中心主题紧密相扣，排列的逻辑顺序必须正确。在词性呈现上，表现为同层级、同属性、同词性。

二、思维导图结构中的四种逻辑关系

结构是思维导图的六大要素之一。

结构，我们可以定义为事物的各个组成部分之间的有序搭配或排列。结构都在其特定的位置发挥着重要乃至决定性的作用。万事万物都是有结构的，大到宇宙，小到原子，包括物质的、非物质的，都有其自身的结构。

思维导图也是有结构的，它像一面大网一样把思维导图中的关键词连成线、形成面。厘清关键词之间的逻辑架构，找出它们之间的内在关联，才能织起思维导图这张大网。

思维导图的结构中有四种逻辑关系，分别是：**总分关系、并列关系、递进关系和因果关系**。

下面举例说明这四种关系在思维导图中的运用。

1. 总分关系

总分关系用思维导图表示如下图所示，大纲主干（A）是总述，下面并列的二级分支（A1、A2、A3）是分述。

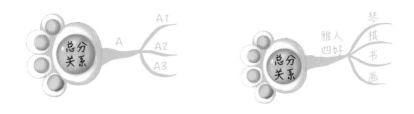

2. 并列关系

并列关系用思维导图表示如下图所示，二级分支 A1、A2、A3、A4 都在同一个层级上，它们之间为并列关系。

3. 递进关系

递进关系的线条如下图所示，A、B、C、D 层层递进，其中 A、B、C、D 四者的重要程度是：A > B > C > D。

4. 因果关系

因果关系总的来说，就是问题→原因→对策→做法。

因果关系一般应用在问题分析上：

- 第一层级代表问题。
- 第二层级代表造成该问题的原因。
- 第三层级代表各种对策和解决方案。
- 第四层级代表该方案所涉及的具体做法，也就是行动步骤。

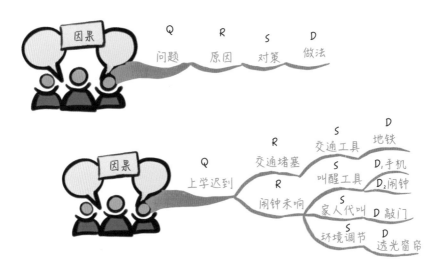

日常工作中，我们可以利用思维导图来引导我们思考，帮助我们制订出解决方案。

下面将详细介绍如何绘制思维导图。

"工欲善其事，必先利其器。"在正式进行思维导图学习之前，可以准备一套绘图工具，包括笔和纸张。

我将多年来自己绘图所用的工具，推荐给大家参考：

笔

一套柔绘笔：可以选择 12 种颜色的，用于画线条和写字。

一套马克笔：用于画图与画线条时填充颜色。

一支百乐彩铅笔：基础思维导图学习者可以在画图前用它勾勒图形轮廓。这款笔跟铅笔相似，但后期上色时，百乐彩铅笔的线条颜色会消失，因此无须使用橡皮，不会让图看起来很脏。

纸

可以买一个马克本，马克本的好处是颜色不容易晕染，多幅作品可放置在一起。

也可以买普通的 A4 纸或者加厚的 A4 纸、A3 纸，加厚的纸张填充颜色时不容易晕染。

零散的 A4 纸和 A3 纸不便于收纳，但便于将同类内容进行分类，可以用打孔机解决收纳问题。

当你准备好工具，了解了前面所讲的思维导图要领之后，就可以按照以下流程来学习绘制阅读思维导图了。

一、绘制中心图

1. 中心图位置

在纸张的正中心。

如果你不知道纸张最中心在哪个位置，可以将纸折叠成九宫格，折一次以后就知道中心位置在哪里了。或者在纸上画一个对角线，交叉点就是纸的中心位置。

2. 中心图大小

占纸张面积的 1/9 至 1/12 之间。

如果是 A4 纸，中心图约为鸡蛋大小；如果是 A3 纸，中心图约为成年人拳头大小。

3. 中心图颜色

原则上使用三种以上颜色，一般用红、黄、蓝三种颜色，会更加醒目。

4. 中心图寓意

要求寓意贴切，与主题相关。

中心图有四种画法：

第一种，也是最简单的方法，是在主题文字外围画一个圆——如果你不需要加深记忆或者吸引受众眼球，可以这样操作。

第二种，可以进行图文转换。主题是什么，就画什么，图与主题文字相关就好，也可以是主题文字的翻译。比如主题是日计划，可以画个日历，也可以画钟表，来代表时间；主题是苹果，可以画个苹果。

第三种，可以使用隐喻图，用隐喻来表达主题，譬如用玫瑰指代爱情等。这需要有高度概括能力，需要有一定的知识积累。

第四种，如果你希望中心图有特色，能吸引眼球，那么需要合理利用冯雷斯托夫效应，在绘制上进行创新。

当然，如果你去参加思维导图方面的比赛，我建议是尽量不用隐喻或冯雷斯托夫效应的设计，因为你不知道你会遇见什么风格的裁判来阅读你的参赛作品，也避免因为你的功力不够而弄巧成拙。

建议在画中心图前进行设计，在图形中留出写主题文字的地方。在留出来的地方涂淡一点的颜色，文字写在上面会更醒目。

二、画支干线条

1. 先画主干

主干线条与中心图紧密相连，围绕中心图向外扩散。主干线条比较粗，形状如牛角。

主干最粗，因为主干上承载的是重要的关键词，就像树干一样，越粗的地方，越能承载更多的分支和叶子。

2. 再画分支

分支线条紧密连接主干或上一级分支，形状如躺着的括弧，可以将关键词抱在怀中。

无论是主干线条，还是分支线条，其主要作用有三：

（1）**承载思维**。把脑海中所想的用关键词表达出来，写在线条上。

（2）**分类**。不同颜色的线条可以呈现不同类别的内容；分支的形状可以给不同类别的内容建立环抱围墙，通过线条就可以实现清晰明了的分类。

（3）**表示跨界关系**。分类之间有关联，可以用箭头指向。对于研究某领域的导图，箭头还分为虚箭头、实箭头和双向箭头，表达强关系用实箭头，表达弱关系用虚箭头，表达相互关系用双向箭头。

以上是线条的基本绘制方法。在创意导图中，无论是主干线条，还是分支线条，只要能充分表达相关含义，能清晰托起关键词，可任意发挥。

最后再给大家一个建议：

重要内容可加创意分支，将线条与文字结合起来进行创意绘制，能起到强化记忆的作用。其他地方则越简单越好，因为思维导图的本质是化繁为简、以简驭繁，是帮助我们提升效率的工具。

三、写关键词

1. 位置：关键词要写在线条的上面。

这句话听起来很简单，但做起来却不容易。刚开始绘制时，有的人会经常将关键词写在线条的末端，或者写在线条的下面、左边、右边，甚至还翻页接着写。

切记，关键词要写在线条的上方，很安全地站立在线条上，以显示它的重要。不关键的词，不用写进来，要学会取舍。

2. 大小：主干上的关键词大，次级分支上的关键词小。

为何文字要大小不一呢？这样可以体现思维导图内容的权重关系或者说是层级关系。主干是上位，分支是下位，如果内容层级多，分支下面还会有好几个层级。

根据认知科学的研究，一般人的思考脑最多能同时存放和操作 3~5 个信息单元。因此，无论你有多少内容，从主干向下延伸的层级，最多别超过 5 级，多了不利于记忆。

3. 颜色：和线条同色，线条用什么颜色，文字就用什么颜色。

这是我推荐柔绘笔的原因，因为它可以做到一边画线条，一边写字，不用换笔。

4. 提取和转化：提取关键词不是誊抄、摘录，而是转化。

提取不能为了短而短，要做到不失去原意。也就是提取完毕之后，你能通过自己提取的文字，还原文本。这样我们才能通过关键词更好地记忆。

看到核心句、重点句就原封不动写下来，或者断句写下来，是我们传统的笔记方式，其弊端是很明显的：记录费时、思维没转化、缺乏思考、复习费时、阅读量大、难以记忆。

为什么要在呈现上进行转化呢？因为转化的过程就是思考的过程，是人的大脑进行吸收、消化和输出的过程，体现了思维的主动性，这样才能达到学习效果。

我们知道，当我们被动去做一件事时，不会那么来劲，但主动学习、主动思考则会带来不同的结果。比如在思维导图课堂上，布置自由创作作业与命题作业时，自由创作作业往往有更好的呈现效果。

转化的要点如下：

（1）缩句。很多人一开始不会提炼关键词，其实，只要会缩句，就会提取关键词。一段文字中的核心句就是本段的核心内容,将核心内容进行缩句,就能提炼出关键词。**一般来说,最重要的词基本是名词或者动词。**

通过关键词触发,能更好地记忆。

(2)呈现。不是提取出关键词后,就直接写到线条上,还要思考词与词之间的关系:

同等级别——并列关系:词性在呈现上要尽量保持一致。同层级、同词性。比如第一个主干是名词,其他主干也尽量是名词。但有的原文中有,有的没有,这时就要进行转化,思考有没有其他词能代替。

上下级别——递进关系:上一级的关键词,要能包含并概括下一级的关键词;下一级的关键词,要能支撑上一级关键词。

跨界级别——跨界关系:画图完成后,还要进一步思考内容之间的关联,运用关联线指向相应的关键词,形成跨界关系。

这样的呈现,不仅包含了发散思维、收敛思维,还包含了结构性思维和创新思维。

四、添加关键图

1. 位置

关键图要画在重点的关键词上面或者延伸线上。

猎豹阅读法

2. 大小

所有关键图都要比中心图小，主干上的图要比其他分支上的图大。

3. 颜色

关键图至少有两色。但是，如果参加考试或比赛，请按照考试或比赛的规则来。

4. 作用

关键图的作用是增强记忆，提醒哪里是重点。

如果你认为某个地方比别的地方更重要，演讲或者做报告时一定要讲到。如果你担心忘记了，可以在抽象的、重要的或易忘的关键词处加上关键图。

当代最伟大的思想家之一史蒂芬·平克曾说过一句话："写作之难，在于把网状的思考用树状结构体现在线性展开的语句里。"
这句话非常精妙地说明了思维导图对于阅读理解的价值。

我们的思维导图工具，刚好是把作者用线性叙述的语句进行梳理后还原成作者网状的思考和树状的结构，这是多么了不起的事情。毫无疑问，使用思维导图有利于我们更好地理解作者及其作品。

现在，你需要做的就是严格按照流程进行持续不断的练习，等你熟练掌握思维导图工具后，你会发现阅读理解对你来说非常容易，不仅能迅速掌握文章的核心内容，而且阅读速度会大大提升，还能进行可视化的输出，这是多么棒的一件事！

相信我，你的人生即将与众不同。

精准『捕获』

04

阅读笔记法——有效解决知识迁移问题

在教育领域，迁移被称为"教育的圣杯"。将在某种情境中学到的知识在另一种情境中使用，这就是迁移。

譬如将课堂上学到的东西在现实生活中使用，如果达不到这一标准，很难被描述为"学会"了。

心理学家罗伯特·哈斯克尔在查阅大量有关"学习中的迁移"的文献后指出，尽管学习迁移很重要，但过去90年的研究结果清楚地表明，无论是个体还是教育机构，我们没有实现任何显著的学习迁移。

知识迁移的失败，不仅限于学校教育，我们在企业培训中也经常发现，培训后没有明显的变化。那么如何解释这种脱节呢？如果学习迁移是这个世界运作必不可少的技能，到底应该怎么去做呢？会不会很难学习呢？

学习的目的是什么？

积累知识、培养能力、应用知识。

但为什么读了很多书，却总是感觉没学到什么东西，或者对我们的学习和工作没有什么帮助呢？

积累知识

培养能力　　　　　　知识应用

最常见的原因就是，我们只是把书上的知识"收集"了起来，根本没有进行深入吸收和内化。

秋天的风一阵阵吹过，树上的叶子随之飘落，环卫工人每日在天还未亮时，对大街小巷上的树叶进行收集，此时这些树叶都变成了垃圾。但这些树叶仅仅是垃圾吗？

有人捡起树叶，将其做成了标本；有人将树叶粉碎，化作春泥更护花；农民伯伯用它们煮饭；孩子们将它捡回家做成了多彩的树叶画；摄影爱好者会拍摄秋叶的静美，"碧云天，黄叶地，秋色连波，波上寒烟翠"。把树叶放到哪儿去，如何使用，决定了树叶的价值。

读书也是如此，你如何处理书中的知识，决定你是收集者，还是记录者。

从"收集"转变为"记录"，最关键的一步，就是需要思考。把想法、念头进行外部转化，我们可以更好地整理思维。

如何才能记住那么多的知识呢？

其实，根本无须刻意去记，只要不断地对它们进行思考和加工即可。

在思考和加工的过程中，知识会被自然而然地记住。

认知心理学里面，有一个概念，叫作"加工水平理论"（Level-of-processing mode，由克雷克和洛克哈特提出），它告诉我们：

对信息本身的"加工水平"决定了信息的储存和提取效率。

很多人记笔记，只是把内容挪了个地方，并没有真正进入大脑。

比如，记一段含有大量数据的文字，如果单纯地将这段文字摘录到笔记本里面是记不住的，甚至会忘记"自己曾经看过这段数据"，因为这属于"浅层加工"，起不到笔记应有的效果。

换句话说，记录不是让我们做复印机。我们要通过思考去获取知识，而不仅仅是复述和记忆。

其实，我们面对的绝大部分挑战，在某个行业的顶尖高手那里，早已准备好了解决方案，只不过需要我们通过阅读花点时间把它找出来。

美国著名企业家，spaceX、特斯拉的创始人马斯克之所以能获得成功，有人说，是因为马斯克有一个伟大的妈妈，也有人说，是因为他有一个低调的爸爸。而我想说，马斯克能获得成功主要是因为他学会了如何高效阅读。

据说，马斯克此前一点都不懂火箭知识，为了实现梦想，他寻找各类相关书籍，还自学了关于火箭推力原理、天体动力学、空间动力学的著作，并对其进行重新建构，列出火箭的建造、装配和发射的详细成本。他甚至还加入了火星学会，了解该领域的发展。

他的专业知识覆盖了火箭科学、工程学、物理学、人工智能、太阳动力能源等领域，不仅如此，他还将这些知识运用到自己的工作中。

如果他不懂高效阅读，那么他无法获得如此广博的知识。如果他只学习了表面知识但不精通、不会迁移，那么他想实现梦想也将成为空谈。

马斯克最厉害的就是他的知识加工和迁移能力。他能有效地将知识应用起来，将书本中学习到的精髓应用到现实世界中，实现跨领域的知识运用。

所以，本是"门外汉"的马斯克，后来竟然成了星球探索领域的专家和先行者。

事实上，各行各业的人士都在利用知识迁移进行工作。

如果我们去读书，就能够发现有很多人有着相同的经历，并且总结出了很好的方法，因此有的人在读了书以后发现自己的问题得到了解决，并获得一些启发。

现在，我们已经是高效阅读者了，我们的阅读速度是别人的5~10倍，我们的阅读量一年可达100本，是普通人的10倍以上。现在我们面临的问题是，如何对知识进行加工和迁移。

当我们的知识有限时，知识迁移会变难。当我们在一个领域学会更多的知识和技能时，我们就能更加灵活地进行知识迁移，也更容易将知识应用在特定环境之外的广阔天地。

接下来，向大家介绍三种迁移学习法：思维导图六步法、"4I"四步法和卡片笔记法。

一、思维导图六步法

第一步，获取知识。

在阅读过程中，获取对你而言的新知识、新概念、新经验、新流程、新创造，看看作者是如何讲述这些内容的。

第二步，理解知识。

将阅读收获的新知识、新内容，以提取关键词的方式呈现出来，也可以用简单的句子写出来，避免出现理解错误，要尽量贴近原意去理解作者想要表达的意思。

第三步，图像思维。

将阅读获得的新知识，在脑海中关联过去经验，思考有没有相应的案例，如曾经遇到过的类似情况。增加案例可以帮助你更好地理解。

第四步，图像呈现。

按照思维导图的绘制规则将新知识画出来，不仅能结构化呈现，还能更好地帮助我们实现结构化分享。当需要记课程笔记、会议纪要时，采取分支导图的形式效率会更高，阅读的内容较少时也可采用分支导图。

第五步，表达行动。

用自己的话将结构图上的内容讲述出来，并思考未来能怎么做，是否可达成、可衡量，在哪些场景中能运用，需要改变什么方式。在讲的过程中，每一个点都可以有观点、有例证、有升华，可尽情发挥。

第六步，注明出处和作者。

注明所读内容在该书中的位置、页码，作者与阅读人以及日期。

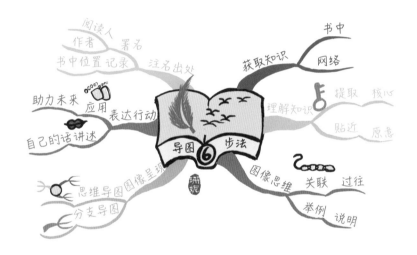

上图为"思维导图六步法"知识迁移的流程，在知识迁移的过程中要注重知行合一，重视跨界思考，重视阅读与行动。

我们可以根据结构图进行逻辑清晰的表达，还能根据某一个关键词节点，关联并延伸出更多的内容，利用词与词之间的关联，想到更多有趣的内容。

其实，这个流程自动完成了德国心理学家韦特海墨所讲的"格式塔效应"，将过往的经验和行为结合在一起，为当下的分享服务。

当你掌握了这个方法，真正运用起来之后，会感觉这个方法真的很有用，也很好用。

这个世界上没有一个人是孤立的，没有一件事是独存于世的。知识也一样。知识世界就像一盘棋，每一个棋子都和其他棋子紧密地联系在一起。

但是在我们求学之初，知识并不是这样的。它们在课本上整齐排列，以"知识点"的形式出现，记住它们本身就行了，是否存在关系不重要。**但借助思维导图，我们有机会把这些孤立的点，还原成整局的棋。**

如果你乐意按照上面的流程，对所了解的知识做一个导图，然后尝试分享，你将发现一个不一样的自己。

二、"4I"四步法

所谓"4I"，就是 I See、I Feel、I Think、I Will，将整个迁移学习过程分解为眼看、嘴说、脑思、践行四个阶段。

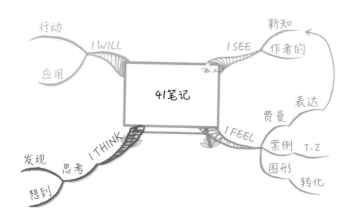

第一步，I See——我看到了什么。

这一步的任务是发现书中的新内容，看作者是怎么阐述新词汇、新内容、新模式的，完成的标志是找到关键词、核心句。

第二步，I Feel——我如何理解。

这一步的核心是理解，对于发现的新知识，能否用自己的话表达出来，能否以图像呈现，能否用关键词进行输出。

第三步，I Think——我认为如何。

增加个人的思考和评价。通过这个新知识你想到了什么，能不能就这个知识点写 1~2 个案例，通过笔记输出案例或评价。

第四步，I Will——我希望怎样。

用新知识驱动事物发生，你将怎么行动，你会将这个知识点运用到哪里。

这种方法用一句话总结就是：**眼能看到、嘴能说出、脑能关联、能够行动**。

三、卡片笔记法

第一步，准备工具。

1. 一沓白纸或者空白卡

你需要准备一些空白纸，尺寸为 A4 纸张一半大小即可。也可以裁剪一些 A4 纸张，随身带在身边，归类时可以打孔装订成册子。

如果想有质感一点，可以购买空白卡片。购买时，请注意卡片的尺寸大小。

2. 多彩原子笔

制作卡片要用到三种颜色以上的笔，可以买多种颜色的自动原子笔。如果文字用的是黑色笔书写，分界线一定要用其他颜色的笔来画。

第二步，学习如何设计卡片笔记。

每一张卡片的正反两面，都有自己的用途。

卡片正面可以写上序号、内容主题和来源，以便后续归类、检索。

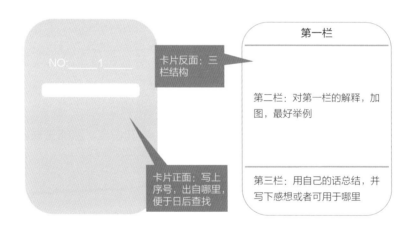

卡片背面通常分为三栏：

第一栏，在卡片背面的顶部。这里可以写上你想了解的新内容、想理解的新概念，或者想弄懂的新问题，并写上出自书的哪一页，便于查找。

第二栏，在卡片背面的中部。这一部分用来概括文章或书的内容。在概括内容时，还可以根据内容画图，图可以来源于书，也可以是自己的创意。阅读时在大脑中"创作"图案，有利于对书进行深度理解。如果有案例，还可以写1~2个案例。

如果你不想刻意概括所获得的新内容，直接摘录书的内容也可以。但摘录时，建议看完一句话、一段话再摘录，别看一个字抄一个字。因为我们看完一句话或一段话后再抄写，整体意思会在大脑中停留一秒，理解和输出的效果会更好，不会割裂原意。

这种方法我称之为"停留一秒再输出法"。家中如果有小学生，可以尝试让小朋友采用这样的学习法，能有效提升学习力。

第三栏，在卡片背面的底部。这里可用自己的话提炼一下要点，并思考一下它的应用场景。

能总结提炼要点很重要。通常来说，对于新学习的知识，只有我们能用自己的话表达出来，才说明这个知识我们真的理解了。

最后写上你想怎么应用，应用到哪儿，简单表述即可。这一点可以让我们进行发散性思考。

当我们读一本书时，觉得某个知识点很有趣，或者很有道理，我们就可以根据这个知识点做一张卡片笔记。

比如，对《二程遗书》的"教人未见意趣，必不乐学"这句话特别感兴趣，就可以用卡片笔记法进行输出：

正面写上序号"1"，再注明这个知识点出自《二程遗书》。

背面第一栏：写上"教人未见意趣，必不乐学"这条短语，后面还可以写上位于第几章第几页，以备查询。

背面第二栏：对这句话进行解读，再配上一幅图，手绘效果更好，哪怕是简笔画。

背面第三栏：用自己的话表达出来，再联想一下可以应用的场景。

这样一来，这个知识点不仅记住了，还能输出和分享。这就是卡片笔记法，是不是很有趣，你学会了吗？

小朋友使用卡片笔记法，学习效果会更好。

比如对唐诗《登鹳雀楼》中的"欲穷千里目，更上一层楼"感兴趣，就可以按照上面的流程来制作知识卡片了。

欲穷千里目，更上一层楼

意思：若想把千里的风光景物看够，那就要登上更高的一层城楼。

我的话语：站得高望得远。
应用：我每天阅读，就是和很多厉害的人在交流，终有一天我会站在更高处看到更加美丽的人生风景。

NO:____1____

概念来自：（唐）王之涣
《登鹳雀楼》

当小朋友制作完这样一幅图文并茂的卡片后，是不是觉得自己很有成就感呢？既学习了经典，又激发了自己的思考，获得感悟，这是多么美好的事情呀！

侦察阅读法——兴趣为王

阅读是为了解决问题——不是解决认知问题，就是解决技能问题。

然而，我们面临的现实问题是难以建立和保持对阅读的兴趣，以及不知道阅读的目标是什么，打开一本书后往往止步于前几页，或者为了

完成阅读任务，将阅读变成了默念文字活动，沉浸阅读、享受阅读更是
奢谈。

这是因为，我们缺乏恰当的阅读方法。

老师告诉我们说，要学会提问，才能真正高效快速地阅读。也有很
多书籍，试图教我们如何提问。

当我们带着问题去阅读时，就会在几十万字一本的书中去探索一个
又一个目标。围绕目标阅读，可以让我们读得快、记得牢！

然而现实是，当我们真正面对一本书时，并不知道如何提问，或者
只是强行提了一个并不是很感兴趣的问题，这对于调动我们的内驱力去
阅读并没有多大的帮助。

怎么办？

夏洛克·福尔摩斯是 19 世纪末英国著名侦探小说家柯南·道尔笔下
的一位才华横溢的大侦探。福尔摩斯自称"咨询侦探"，因为其他私人或
官方侦探在查案遇到困难时常常向他求助。《福尔摩斯探案集》讲述了福
尔摩斯侦破一系列困难、棘手的案件，终使这些疑窦丛生的悬案真相大
白的故事。如今，"福尔摩斯"已成为名侦探的代名词。

那你有没有好奇：为何在其他私人或官方侦探看来无从下手的案件，
福尔摩斯却能成功告破，他的秘诀是什么？

让我们来看书中一个例子：

在《血字研究》一章中，眼看官方侦探的办案已走向歧途，福尔摩斯根据现场勘察，一语中的地指出，凶手应该是一名马车夫。循着这一推测，案件终被成功告破。

福尔摩斯是怎样判定嫌犯为马车夫的呢？他看到案发现场门前马路上有车辙，但车辙零乱，说明马车曾处于无人看管的状态；从车辙到案发室内有两个人的脚印，而其中一个人的脚印是受害者的；一个要杀害同行者的人是不会让马车夫在作案现场门口等候，并在杀人后再坐同一辆马车离开的。

综合这些线索，福尔摩斯推定，实施犯罪的人就是马车夫。

你可能已经明白了，让福尔摩斯成为一个侦探高手的，除了他那敏锐的观察力和超强的记忆力外，更重要的是他那严密的逻辑推理。

福尔摩斯的好友兼助手华生对他由衷地钦佩和赞叹，说他"简直是一架用于推理和观察的最完美无瑕的机器""极为精密和灵敏"。

大家有没有发现，通过《血字研究》这一章，我们发现在案件侦破的过程中，往往存在误判方向的情节，这是作者刻意调动读者情绪、吸引读者的手法。而对于读者来说，他们迫切渴望侦破解密、发现真相，在这个过程中会不知不觉感受阅读的愉悦，这当然很过瘾。

阿加莎·克里斯蒂的推理小说情节更离谱，所有线索和嫌疑人都被摆在台面上，只要你能找出文中的隐性证据，就能准确地找出真凶。阿加莎更诡异地方在于，即使告诉你所有的事情，你还是猜不到真凶是谁。

阿加莎的名作《尼罗河上的惨案》被拍成了电影，但只有阅读她的小说，才能真正体会到那种丝丝入扣的推演的精妙，体会那种层层剥茧一般揭秘的乐趣。

看到这里，你是否想到，**我们也可以用探案的方式来阅读，这就是侦察阅读法**。

提问与充满兴趣地阅读是相辅相成的。没有问题的阅读，基本是枯燥无味的。

我们可以像阿加莎·克里斯蒂或者福尔摩斯一样，带着问题，带着探案的心理，由一个线索到另一个线索，找出文中隐含的证据，最终找到答案。

侦察阅读法，不仅能让问题自动产生，还能让我们在阅读时扮演"警察"的角色。

在阅读时，我们不用去刻意解决提出的问题，我们要关注的是，这本书对自己来说吸引点是什么。不想读书时，也可以随便翻翻书，看看封面、封底为何是那样的，发现 2~3 个惊讶点即可。

要从兴趣出发，通过侦察和观察，从一本书的封面、封底寻找蛛丝马迹，明确找到要读这本书的目的，找到自己感兴趣的阅读点，带着明确的问题、清晰的目标阅读相关内容。再通过目录、序言、内页等相关信息，进一步佐证并寻找新的兴趣点。

通过侦察一本书的封面信息，不仅能调动我们的阅读兴趣，更重要的是能让我们找到读那本书的原因。而后带着问题去阅读，是把书作为"嫌疑犯"，去侦察书中是否有我们需要的答案，能够帮助我们大大提升阅读效率，节约时间。

用这样的方式阅读，能利用兴趣与好奇心，顺藤摸瓜产生学习动机，读自己想要了解的内容，得到自己想要的答案。兴趣产生内驱力，用内驱力去读书才能更高效。

当我们带着好奇、带着问题去阅读时，不仅可以保持阅读兴趣，更加专注地阅读，还会产生紧迫感，促使我们在书中快速搜索答案，提高效率。

侦察阅读法就是通过寻找蛛丝马迹，让我们找到阅读的原因。我们要尽量做到无目标不阅读，无兴趣不阅读，无问题不阅读。

侦察阅读法＝封面推测（寻找蛛丝马迹）＋逻辑推理（利用所抓取的信息）＋验证推测（通过阅读找到相关内容）

把阅读当作一次探案游戏，可以让整个阅读过程不再枯燥，更无须畏惧。

侦察阅读包括侦察前、侦察中和侦查后三个阶段。

第一阶段：侦察前

这一阶段主要解决人和书的问题。

关于人，可以是你自己，也可以组织几位阅读参与者，通过线上或线下来共同学习。

关于书，准备任何一本书都可以。如果你的阅读量不是很大，又希望快速掌握这个方法，我的建议是先挑选你所熟悉的领域的书来阅读。

如果是多人共读，在活动前，可以由领读者发放一本大家完全不知道的新书，围绕书的题目、内容等各种因素，像福尔摩斯探案一样，对书本发起侦查阅读。

如果是线上共读，可以由领读者把需要阅读的书的封面拍 3~5 张照片发到共享群里。

第二阶段：侦察中

从书的外围寻找蛛丝马迹，侦察书的封面、封底，包括封面的整体设计、颜色、文案、书腰、推荐语、作者等，任何蛛丝马迹都不要放过。

为了验证自己的推测是否正确，我们有必要对目录、序言、引言和内页再一次进行侦察，验证。

如果是共读，大家可以集中分析阅读，并从其他人的分享中搜索可能对自己有利的信息。在这个过程中，要注意的是要为受益而服务，而不是抓着谁的失误或者对错不放。你要做的就是按照游戏流程玩下去。

第三阶段：侦察后

各自选阅读的章节，找出自己感兴趣的点，阅读那部分内容。

相信我，侦察后的收获一定远远超过侦察前的预期。

打破传统阅读，换一种方式，运用有趣的方式，可以把阅读变成一件轻松的事情。

下面我们以 3~8 人的共读为例，为大家介绍侦察阅读法的流程。

第一阶段：侦察前的准备

1. 确认书籍和领读人

活动前，确定领读人，领读人要知会大家：

（1）活动时间（一般控制在 40 分钟左右为宜）。

（2）选书主题。比如为了激励大家能够每天早起阅读，选择了《早起的奇迹》这本书。在活动进行前，大家不用拆开这本书。如果只有领读人有这本书，领读人可以将书的封面、封底、内页、目录、序言部分的内容拍照下来，发到共读群。

（3）安排一个计时官，在别人分享时计时，并在剩余 30 秒时提醒分享人时间即将用完。计时官也可以由下一位分享者担任。

2. 人员

线下 15 人以内，线上 8 人以内为宜。因为在共读中每个人都要发言，假设每个人发言的时间为 3 分钟，8 个人就要 24 分钟。一般来说，平均每个人发言的时间会超过 5 分钟。

3. 心态

多人阅读，分享时大家都会有点紧张，担心分享不好，被人嘲笑。此时参与者要相信自己，参与阅读本身就是在提升自我，是一个成长的过程。也许几分钟后，你就会进入滔滔不绝的分享状态。

4. 领读人

领读人要适度对话题进行引导，控制总时间。既要避免尴尬，又要避免无休止地占用时间。

侦察读书会（第 n 期）通知单					
读书会时间	8 月 26 日（星期五）20:00—20:45				
领读人	俞林花				
计时官	刘爽				
参与人	俞林花	刘爽	苗娜	王明霞	刘杨
参与人对应发言序号	1	2	3	4	5
参与人对应记录人	刘杨	俞林花	刘爽	苗娜	王明霞
参会方式	书友微信群视频				
准备内容	1. 放松的心态 2. 白纸若干、笔 3. 电脑或者手机，并提前充好电（用于视频和记录发言内容） 4. 网络通畅 5. 计时器（计时官）				

如果是一个人阅读，就简单了，只需准备好书和计时器即可。

第二阶段：侦察阅读阶段

1. 自我介绍

领读人宣布开始，大家用 1 分钟介绍自己，包括姓名、来自哪里、职业是什么、有什么兴趣爱好、能带给大家什么支持等。

2. 音乐模式

时间控制在 2 分钟以内。播放 1~2 分钟轻音乐，所有人保持微笑，闭上眼睛，聆听音乐。**运用 333 呼吸法：吸气 3 秒，屏住呼吸 3 秒，吐气 3 秒。** 目的是营造内外环境，清除杂音、杂念。

3. 拿出一张纸，写下参与读书会的目的和期待

在这张纸上写下三个方面的内容：

（1）参与读书会的目的。

（2）希望在本次读书会上有什么样的收获。

（3）期待本次读书会在哪方面给自己赋能。

写的时候，无须长篇大论，三五个词概括即可。

4. 侦察

全体成员拿起同一本书，侦察书的封面、封底，任何蛛丝马迹都不要放过，包括封面的设计、颜色、文案、书腰、推荐语、作者、国籍等。时间是 1 分钟。

在观察时，尽情发挥你天才般的大脑，你可以猜想，也可以编剧，甚至可以演绎。你如何认识这本书？如果是你，你会如何改写封面内容？总之，你要尽情地去思考封面、封底的信息，思考设计、文案与整本书的关系，并将你的所思所想快速写下来。

5. 交流

写完之后，由领读人发言，轮流交流对这本书的见解。交流要按照顺序来进行，交流时要记录自己从他人身上获得的不同的信息和对这本书新的思考。

每个人都可以记录，也可以由上一位分享者来记录下一位分享者分享的内容。或者从参与者中选择一位记录员，这样其他人可以专注聆听。

记录关键内容即可，可以使用经典短句。

交流时间控制在每人 2 分钟，由下一个交流者控制时间或者由专门的计时官控制时间。

6. 快速阅读目录和序言

这个时候，大家已经对书有了兴趣，甚至已经提出了明确的问题，并很想知道自己的推测是否正确。

为了阅读兴趣更浓厚、阅读更有目标，我们有必要对目录、序言、引言和内页再一次进行侦察，看看有无感兴趣的内容。时间是 3 分钟。

给自己一个信念，3 分钟内是完全可以找到感兴趣的话题的，你完全能"侦破案件"，完全可以给出侦察结果。实在不行，就去猜想、去联结。

这个时候的侦察：

一是寻找感性的内容。

二是从中找到能证明根据封面、封底推测的内容。

三是提出确切想了解的问题，甚至确定好要重点读哪些内容。

要一边侦察图文寻找蛛丝马迹，去猜想这本书会写些什么，如果是你，你会怎么来写这本书（情境、冲突、问题和答案，或者是什么、为什么、怎么样，或者前提、方法、结果、行动等），一边去思考这些内容是不是与你侦察封面时的推测有吻合之处。

再用 2 分钟时间，记录自己进一步侦察时可以确定无疑的问题，用短句写下来。

7. 第二轮讨论

在第二轮讨论中，每人发言 2 分钟。

（1）说一说通过对序言、目录、引言以及封面、封底的观察，你觉得作者想解决什么样的问题，如果你是作者你会怎样来解决。

（2）通过目录查找阅读内容，你有什么新发现，有了怎样进一步的分析和思考。

（3）有没有证据支撑根据封面、封底推测出的观点。

（4）其他人在分享时，你要快速记录，对比你的解决方案和其他人有什么不同？别人对于这个观点是用什么来支撑的？

（5）从中得出综合的验证，验证这本书的主要内容可能是什么，你对哪一部分感兴趣，用关键词记录下来。

通过两轮有趣的侦察活动，你一定对阅读这本书产生了兴趣，为何想读、想读哪部分都在心里有了确定的答案。

8. 活动收获输出（结案报告）

经过以上流程，你已经知道了要阅读这本书的原因了，可以通过结案报告的形式，将本次活动的收获做一个输出。

（1）你对本次读书会的期待是什么？每个人都要写。

（2）你是如何像福尔摩斯一样在封面封底寻找蛛丝马迹的？每个人都要写自己观察到的内容。

（3）在序言、目录、内页阅读中，有什么新发现，你有了怎样进一步的分析和思考，有没有证据支撑从封面、封底推测出的观点。

（4）通过侦察，接下来你还想去阅读本书吗？如果想读，会读哪些内容，先读哪里，后读哪里。

（5）这次活动的收获是什么？从谁的身上学到了什么？

（6）是否达成预期目的，与活动开始前你写的目的进行对比，新的收获是什么？

（7）参加本次侦察读书会，你的感受是什么？

（8）下一步你会如何行动？

（9）下一期的领读人是谁？

当你厘清了这些问题，一个人进行阅读时，用 3~5 分钟的时间，就能对一本书能够解决什么问题、为何要阅读、读哪部分内容有清晰明了的认识，也解决了阅读不会提问的问题。

第三阶段：章节选读

现在我们已经解决了为何要读这本书的问题，下面要解决感兴趣的内容应该怎么来读的问题。

第一步，花 1~3 分钟的时间，把书从头到尾翻一遍。

只需要熟悉一下这本书的结构，了解章节后有没有总结之类的问题即可。

第二步，阅读 10 分钟。

快速从目录中寻找感兴趣的点，目录中没有，就快速翻书去寻找。试图找出你在上一步中感兴趣和想了解的部分，从最感兴趣和最想了解的点开始阅读。

第三步，验证你的推测结果。

看看作者是怎么说的，你是怎么想的，有什么不同。要求是必须带着问题阅读。

第四步，遇到新的打破你认知的知识点时，先用彩色笔圈出来，后面再读。

先解决你提出的问题，再解决认知问题。

侦察阅读法，是一种以兴趣为王的阅读方法。无论读文学书、历史书，还是工具书时，都可以运用这种方法。它会引导你去读自己想读的内容，是一种主动性、目的性非常强的阅读方式。在这个过程中你不仅能收获知识，而且能获得前所未有的自信和乐趣。

经过实践验证，对阅读没有兴趣的人，采用这种阅读法后，会对书产生极大的兴趣，迫不及待地想要去读，然后很快就能把一本书读完。这是一种全新的阅读体验。

"茶饭宠幸"四步法——让阅读不再盲目

许多人在阅读上付出不少，但效果一般。其中很重要的原因就是盲目阅读。

在阅读这部分内容之前，请你思考两个问题：

第一，大学毕业后，哪些书给你带来的价值最大？

第二，你真的需要把书一字不漏地从头读到尾吗？

从小到大，我们的阅读习惯都是一字不漏地阅读。在知识爆炸的时代，内容更新非常快，很多内容在当下已经过时，甚至已经被淘汰了。有那么多新东西等待我们去了解，如果我们不改变阅读方式，在被淘汰的思维里坐井观天，难免会跟不上时代的步伐。

对于读书，每个人的目的都有所不同。有的人是为了增加见识，有的人是为了学习技能，有的人是为了核实查证，有的人是为了知识输出，还有的人只是娱乐消遣。对不同类型的书、不同目标的阅读，应当选择适当的阅读方法，才能让读书更加高效、实用。

猎豹在捕猎时，从来不会把面前的一群羚羊都当作目标，它只会紧紧咬定其中的一只，穷追不舍。我们的精力、时间都是有限的，只有专注于一个目标，才有可能成功。

有一个哲学故事，讲的是人生的三重境界：

第一重，踏上社会时踌躇满志，感到自己无所不能。

第二重，历练积累后找到自己的优劣，逐渐知道能做什么。

第三重，经过长期磨砺，有了自知之明，知道自己不能做什么。

苹果公司的创始人乔布斯，曾被董事会排挤出局。当他再次回到苹果公司时，面临的是产品线十分复杂，但濒临破产的局面。乔布斯用了一个方法，就在第二年实现了业绩大幅增长。

他的方法就是砍掉不需要的产品线，把所有的电脑分成两个系列——台式和便携式，在这两个系列之下分成两种类型——专业机和普通机。

乔布斯的理念至今影响着后人：**抓核心，从本质出发，做最重要的事**。

做任何事，都需要有取舍、有选择。什么都想做好，往往什么也做不好。什么都想得到，结果是什么也没得到。

阅读，应该像观看长视频课程一样，可以拖动进度条来控制。遇到重点或者感兴趣的内容停下来学习，对于没有价值的地方则快进。

但很多人在阅读时像在电影院看电影，往往从前向后慢慢看。这样去阅读，相当于把阅读的主动权完全交给了作者。

有取舍、有方法的阅读，才能给我们带来价值。

如何高效实用地阅读一本书呢？

根据多年的阅读教学经验，我总结出**"察、翻、重、兴"四步法**，为了便于记忆，可以使用谐音记为**"茶饭宠幸"四步法**。只需要完成这四步，就能高效地阅读一本书。

"茶饭宠幸"四步法步骤如下：

第一步，侦察。

侦察书的外部信息，封面、封底、内页、目录、序言，找到驱使自己阅读的原因，明确阅读目的，翻阅渴望阅读的篇章。

如果你读完了上一节侦察阅读法的内容，那么这对你来说很容易理解。如果你不熟悉，请参考上一节的内容。

假如你正在写毕业论文，或者研究某一领域，在查找书目时可以按照这样的方法来操作：

1. 选择创始人或者集大成者的书来阅读，了解他的主要著作和他的圈子。

想要抓住某个知识领域的本质，不能只通过阅读教材类的书籍来实现。要想快速进入一个新领域，就要以作者本人为核心。

有的领域相关著作很多，都需要去阅读吗？学会二八法则，选领域开创者、分歧者、集大成者的书来阅读即可。

开创者的书中凝结的许多关键信息是其他人做不到的；分歧者的书有利于我们多维度思考；集大成者往往博学多识，结论未必是原创，但综合性很强。比如，想要了解管理学，可以读彼得·德鲁克的著作，他就是管理学界的集大成者。

2. 侦察重点词句，包括新概念、新解读、新流程。

重点信息会直接带阅读者进入核心地带。或许需要了解的著作很多，但我们可以抓住信息本质来进行探索。一般来说，一位学者毕生有 1~3 个重要成果就相当不错了，其学术观点都是围绕核心观点的发散和延伸。

像牛顿那样的天才，核心成就也只有 2.5 个：万有引力定律、牛顿运动定律、和莱布尼茨一起发明的微积分。而爱因斯坦这么厉害的科学家，其主要成就也就是相对论。

哈耶克先生出版了 25 部著作，写了上百篇文章，其中绝大多数文章都在不断变换角度打磨一个概念——"自发秩序"。

比如《通往奴役之路》从经济学角度讲自发秩序；《感觉的秩序》从心理学角度讲自发秩序；《自由宪章》从政治、法律、哲学的角度讲自发秩序。在哈耶克看来，从乡间小路到经济、法律、语言等，都是自发演化而来的，遵循的都是自发秩序。

阅读时，你会不会常常有这样的感慨：一位学者耗费一生的经历，穿梭于不同领域，变换着各种角度，为我们打磨一枚知识钻石，而我们可以一次性拿走，何其幸也。

有位妈妈告诉她的孩子，新学期新书到手时，要从头到尾快速翻一遍，了解其中的关键概念，可不求甚解，也可囫囵吞枣。你会发现一门课一学期其实就讲了几个概念。

比如，高一上学期的物理课本主要讲三个概念：牛顿第一定律、牛顿第二定律、牛顿第三定律；到了下学期，核心是两个概念：万有引力定律和能量守恒定律。抓住几个关键词，就像抓住了一条条安全绳，有了它们，令人恐惧的茫茫大海就变成了风平浪静的游泳池。

第二步，翻阅。

无论你的阅读目的是什么，这一步都需要去做。

通过第一步外围侦察，你已经有了渴望阅读的内容。通过了解源头创始人和他的圈子，知道了其核心主张是什么。

接下来，我们可以从目录中看到一本书的架构和写作思路，直奔重点章节阅读。这比起从头到尾一字不漏地阅读，至少会提升 10 倍速度。

如果你想要阅读的主题章节比较多，时间又比较有限，最好的做法是进行排序，先读哪些、后读哪些，这样无形中将大任务进行了分解，也能把阅读的最佳状态留给最重要的篇章。

在阅读感兴趣的内容时，要先预估一下时间，这一步很多人都会忽略。限时多长时间读完，可以避免随意散漫地阅读。

譬如预估用几分钟专注阅读一个感兴趣的内容，再预估用几分钟阅读下一个感兴趣的内容。这样一来，每次你都能完成一个阅读小目标，这会给我们的大脑带来不同寻常的感受。无论是否被打扰，你都因一个小目标的完成而收获一枚小果实。

翻阅时，要做的是拿出彩色笔，一边快速圈出对你有益的重点，比如你关注的新概念、新知识点、新流程、新解读等，同时快速折页，并继续向前阅读下个部分的内容。

别停留，因为这只是你第一次翻阅相关的内容，我们了解一下即可，不用深读。就好像刚认识一位新朋友，先看看人家长什么样，随便聊几句即可，没有必要去对人家刨根问底。

翻完需要阅读的地方，会得到三个可能的结果：

第一，找到了需要的相关信息。此时回顾一下这些内容是否能解决你的疑问，你读这本书想解决的问题是否都有答案了。

第二，没有找到需要的相关信息。原因可能是你在侦察阶段有所失误，也可能是书的外部信息量极少，让你判断失误。这时你有两种解决方法：要么换一本书解答你的问题，要么针对这本书提出新的问题。

第三，发现感兴趣的新信息。如果在阅读的过程中，产生了新的问题，觉得这本书能够解决你的新问题，那就预估一下时间，翻到新的内容进行了解。

第三步，重读。

上一步我们通过快速翻阅，通读了核心内容。现在，我们再一次重读圈出来或者折页的相关信息。

重读之前，你要在大脑中思考以下三点：

第一，思考作者解决了什么问题。当你试图理解作者的时候，就知道他们遇到过什么问题，或者在哪个方面曾有过彷徨。

第二，感悟作者的心思。作者花费那么多时间写出十几万乃至几十万的文字，必定有缘由。比如想要理解陈寅恪先生的思想，看陈寅恪研究杨贵妃的那篇文章就足够了。胡汉融合问题，是陈寅恪先生穷其一生来研究的课题，也是他那一代人的苦闷和彷徨：落后的中国应该如何再次融入世界之林。

第三，思考这些内容能不能解决你的问题，是否是你需要的内容。

思考完毕，确认需要的，就可以有重点地重读了。

此时再次阅读，建议你不要为了读而读，要把目标设为用思维导图输出核心内容。这样会在重读过程中倒逼自己产生结构化思考，并在大脑中抽丝剥茧，以获得核心架构图。

为了进行思维导图输出，我们不仅要重读相关内容，还要就相关内容提炼核心点。将核心点分类归纳，把类似的内容放到一起。并将内容进行转化，提出关键词。

这样一来，呈现到思维导图上，主干就是大分类，分支就是论据支撑点。关键词可以是书中有的，也可以是高度概括的。重读的重点就是核心点。

获取信息和内化信息，是学习中的两个重要环节。获取信息对内容的理解比较粗浅，而内化信息需要进行加工，这样才能真正为自己所吸收。

前面我们已经分享了思维导图学习工具，它不仅使用方法简单，而且能帮助我们把握重点和关键。在思考方向上不仅可以做到收敛，也可以发散，还能结构化呈现，应用领域比较广泛。

要记住，第三步重读的目标是运用思维导图笔记来做阅读输出。猎豹阅读法认为，没有输出不能算有效读完一本书，思维导图笔记是其中一个比较轻松高效的方式。

认知心理学认为，从看见到存储在大脑并形成长期记忆，可以分为三个步骤：**编码—巩固—检索**。通俗来说就是"**看到新知识—初步记忆—不定时揪出来晾晾**"。是不是很眼熟？思维导图就正好完成这些步骤。

第四步，起兴。

兴，本来是古代诗歌的一种表现手法，在《诗经》中很常用。兴的本义是"以其他事物为发端，引起所要歌咏的内容"。在这里借用过来，表达启发与行动的含义。

在武侠小说中，大侠经常会找一个山洞或者寺院进行反思、总结、提升，称为闭关。这在大侠成长的过程中极为重要，可以让大侠功力增强，境界得到大大提升。围棋高手下完棋后，通常会将刚刚下的棋重新摆一遍，反思其中的问题，这是围棋中的复盘。复盘是围棋高手的必经之路。

在猎豹阅读法中，把复盘、闭关、启发、关联等称为总结，总结后就是行动。这个过程像不像"以其他事物为发端，引起所要歌咏的内容"

的起兴呢？

阅读完核心内容，你有没有感到精神富足，见识获得了成长呢？有没有感到很开心？这叫幸福。

你是不是觉得又发现了新世界、新思维、新流程？这叫幸会。

你还可以把它们借鉴过来用到你的工作中、生活中。用这样有趣又高效的方式进行阅读，并产生实用性的收获，这叫幸运。

所以，以"幸"代"兴"也说得通。

这就是"茶饭宠幸"四步法。

侦察茶	翻阅饭	重读宠	起兴幸
• 侦察外部信息	• 锁定目标内容	• 先思考再行动	• 记录启发与行动
• 找到阅读原因	• 重点排序优先内容	• 为输出而阅读	• 新发现、新收获
• 找到阅读兴趣	• 预估时间	• 提取、概括重点	新流程、新借鉴
• 找到渴望阅读的篇章	• 重点折页画线		• 运用到生活中

"茶饭宠幸"四步法

现在，我们来总结一下：

第一步，侦察。了解阅读目的，提出问题，通过侦察外部信息，锁定阅读的目标。

第二步，翻阅。翻阅整本书，带着问题去找答案，去做一些折页和标记。这个过程就是快速翻阅，找到和目标有关的点在哪里，迅速圈出来、折页。看看有没有新的感兴趣的点，如果有也挑出来，也做好折页和标记。

第三步，重读。从第二步圈出来的内容中，挑选重点进行阅读。也就是重新回到"案发地"，详细阅读重点内容。如果内容多，可以排一下先后顺序，先读哪个部分，后读哪个部分。如果中间有新的打破我们认知的内容，可以记录下来。

为了便于记忆，思维导图采用合并内容的方式呈现。这一步的重点是为了输出而阅读，用输出倒逼输入。

第四步，起兴。就是关联与行动。这一步，不仅在内容上要建立思维导图的关联线，还要去思考通过阅读你想到了什么、新发现了什么，惊讶的地方和感慨的地方，支持的观点和反对的观点，你会如何行动，这些都可以写到这里面。做到阅读有思考，思考有角度，行动有依据。

当然，在整个阅读过程中，别忘记时间管理。告诉自己，要先解决当下的问题，完成首要目标。如果对于这本书，你的问题已经解决了，还想继续阅读，后面找时间再读，别让大脑一直留在这里关注当前无须马上解决的问题。

在阅读中，期待我们能够终身学习，细水长流一直向前。人生的最大乐趣，莫过于克服困难，坚定脚步，目睹自己将目标一一实现。

愿你带着内驱力持续向前。你所爬的，不是乞力马扎罗山，而是你心中渴望的那座山峰。

"七个问题"公式法——快速阅读文学作品的技巧

我们平时阅读的书籍，无外乎分为非虚构类书籍和虚构类书籍两种，非虚构类书籍主要包括实用类和理论类书籍，虚构类书籍主要包括文学作品，常见的文学作品有小说、散文、诗歌、戏剧等。

我们每个人几乎都读过文学作品，小时候我们阅读寓言、童话，青少年时阅读小说、散文。上学时，老师在课堂上教我们如何去分析、欣赏各种文学作品，但那个时候可能我们的学习重心都放在了如何应付考试上。等到我们开始主动阅读时，仍然面临着如何去选书、如何读书的问题。

猎豹阅读法针对如何阅读文学作品给出了建议和方法，希望能够帮助到大家。

文学作品以语言为工具，以各种文学形式形象地反映生活，表达作者对人生、社会的认识和情感，以唤起读者的共鸣，给人以艺术享受。生、死、爱，是文学艺术的三大永恒主题。诗歌、散文、小说、剧本、寓言、童话等，都属于文学作品的不同表现形式。

古今中外的文学作品很多，近年来网络文学也很流行，市面上可供选择阅读的文学作品可以说是浩若烟海，但是良莠不齐。有的作品格调低下、文学品位不高、黑暗血腥，对青少年的人生观、价值观构成错误引导，贻害无穷，所以家长一定要做好把关工作，把优秀的文学作品推荐给孩子阅读。

优秀的文学作品，应给人以启发，给人一种精神上的激励，或者说能够给人带来一些思考，带来一些有用的东西。

笛卡尔说，读一本好书，就是和许多高尚的人谈话。

文学名著是文学史上经过历史积淀和考验的经典之作，是文学的精华。每部文学名著，就是一个丰富的世界，一个浩瀚的海洋，一个茫茫的宇宙。所以，青少年读书，就要读名著。

首先，阅读文学名著能够激发孩子的想象力。

想象力是创新能力的核心和关键，因此培养想象力是青少年特别重要的任务。

在作家的笔下，古往今来，天南海北的奇人奇事、奇景奇境，无不插上了想象的翅膀。在读《封神演义》时，看到作品里的人物会飞，有千里眼、顺风耳，无所不能，我们不得不佩服作家的想象力。

我们欣喜地看到，随着科技的发展，望远镜代替了千里眼，手机和电话代替了顺风耳，飞机和航天器代替了翅膀。但就人类的想象力而言，对《封神演义》的想象在先，科技发展在后。

从素质教育的角度来说，特别是优秀的文学名著，更具有高度的想象力，孩子如果经常欣赏文学名著，非常有利于其想象力的发展，这对于培养孩子创新思维具有重要意义。

其次，阅读文学名著能够提升孩子的审美能力、观察力和思辨能力。

在阅读名著的过程中，需要观察和分析人物形象、情节发展、语言运用等方面，这有助于培养孩子的审美意识和观察能力。

名著往往具有深刻的主题和丰富的思想内涵，孩子需要运用自己的思辨能力去理解和评价这些思想，同时通过想象和联想来填补故事情节的空白。

除此之外，阅读文学名著还可以拓展孩子的视野和知识面。名著通常涉及历史、文化、社会、人性等方面，孩子可以通过阅读名著了解不同领域的知识和思想。

最后，阅读文学名著有利于丰富人生经验。

由于社会实践的局限性，我们不可能参加所有社会实践，因此阅读文学名著就是渐渐了解人生和社会的重要途径。文学名著作为联结读者与社会的重要桥梁，客观上为读者搭建了理解社会人生的平台。

阅读文学名著的审美经验证明，优秀作品对读者来说除了具有美感熏陶和认识作用以外，还具有精神激励、情感熏陶、借鉴反思和明理言志等效应。

如果我们了解文学作品内容创作的基本知识，那么在阅读作品的时候，更容易理解作者如此描写的用意，更好地理解作品的主题。

一、文学作品与生活的关系

俄国文艺理论家车尔尼雪夫斯基有句名言：艺术源于生活，又高于生活。文学作品也是如此。

没有生活原型或者现象，就没有艺术创作的源头和灵感。也就是说，生活中的点滴小事或者发生过的事都是艺术素材的提供者和原型。

作家的贡献，就在于通过艺术手段对作品进行加工，用精练的语言进行描述，用渲染、夸张、集中矛盾等方式对故事情节进行描绘，使一本小说或者其他形式的文学作品更加生动、耐人寻味。

二、创作与借鉴的关系

俗话说："自古文人都是贼，天下文章一大抄。"这里的"抄"不是抄袭，而是写作中的一种非常高级的手法——借鉴。

借鉴的内容，主要是他人的思想立意、创新、结构形式、内容材料、语言表达等，借鉴手法的优势在于能够快速获取内容素材、新观点和新思想，便于激发自身的创作灵感。比如，《小公主》是伯内特借鉴了《灰姑娘》中的一些片段所创作的小说。

有的文学作品之间其实有着千丝万缕的联系。你总会从一部作品中找到另一部作品的影子。尤其当你的阅读量越来越大的时候，还未开卷，你甚至能从署名中推测出作者可能怎么写，会带着好奇去看作者是如何演绎的。当你看到这些著作之间的联系，你的理解会变得更加深刻，故事的意义也会更加丰富，这时你对新作品和旧作品都会有全新的认识。

当然，借鉴要把握好度，要能够实现创造性转化、创新性发展，否则，就可能变成抄袭行为，失去创作本来的意义。

三、小说之中的环境描写是随意的吗？

我们在看影视剧的时候会发现，导演经常会通过景物来渲染人物情绪，推动故事发展。

譬如在电影《我不是药神》中，程勇和伙伴们决裂时的那场戏，外面就一直下着雨。而这场雨渲染了一种悲伤的氛围，同时表达出了每个人的情绪——忧伤、悲愤。

其实，文学作品也是一样的。

查尔斯·狄更斯在《圣诞颂歌》的一开头，就让伦敦街头雾气腾腾，为故事发展做铺垫。

《莎士比亚十四行诗》中第 73 首描写的秋天，成功让读者感受到了作者在表达衰老，有一种暮年将至的感觉。

在《秘密花园》中，主角玛丽的人生也随着环境的改变发生了巨大的变化。

所以在文学作品中，作者关于自然的描写、场景的描写都是有目的的，有助于读者走进人物的内心世界，理解人物的命运走向。

四、人物外形的塑造重要吗？

你有没有想过：

为什么哈利·波特的额头上有一道疤痕？

为什么《巴黎圣母院》中的卡西莫多是一个天生丑陋的人？

为什么《珊瑚岛》中的菲利普眼睛会失明？

在文学作品中，人物的每一道疤痕、每一次受伤，都有自己独特的文学意义。

卡西莫多用他丑陋的外表告诉世人，虽然他看似魔鬼，实际上却是真正的英雄。而身边正常外貌的人却自私残忍，与魔鬼无二。

除此之外，我们还可以从文学作品中了解当时的政治背景，只有读懂文学作品背后作者的真正用意，才能真正地达到阅读的目的。

了解并熟悉文学作品惯用的结构和模式，有助于我们更好、更快地阅读文学作品。

每个故事有它自己的模式，这些模式一般都是从那些伟大的文学作品延续而来的。那些伟大的作品，因为故事讲得好，历久弥新，为后世作家所借鉴，一直到现在都是这样。

如果读懂了那些经典书籍，熟悉了那些典型的故事模式，此后再读其他书籍，就会事半功倍。

一个好的文学作品的内在逻辑，**可以概括为"七个问题"公式**：

问题 1：**目标**——主人公的目标和任务是什么？

问题 2：**阻碍**——主人公追求目标时遇到了哪些困难？

问题 3：**努力**——主人公是如何努力的？

问题 4：**结果**——努力后，主人公仍然面临什么结果？

问题 5：**意外**——发生了什么意外事件？

问题 6：**转折**——意外事件带来的情节转折是什么？

问题 7：**结局**——最后的结局是什么？

"七个问题"公式，提炼一下就是：

目标—阻碍—努力—结果—意外—转折—结局。

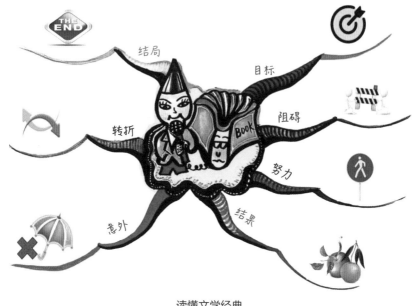

读懂文学经典

读完一本书时，要清楚这本书的基本架构是怎样的，能以"大纲""模型"的形式展现出来，并能用自己话分享给他人，才算完成。

阅读时，大家可以采取我们前面提到的阅读方法，认真阅读，感受经典文学作品的魅力。

美国作家乔治·塞尔登的童话小说《时代广场的蟋蟀》，主人公柴斯特是一只被无意间从康涅狄格州乡下带到纽约时代广场地铁站的蟋蟀，故事讲述了它在纽约时代广场生活的奇妙经历。

在2019年世界思维导图暨快速阅读锦标赛全球总决赛上，《时代广场的蟋蟀》被选为比赛四大项目之一的"快速阅读一本书"项目的阅读材料。

下面以《时代广场的蟋蟀》为例，用"七个问题"模式来阅读这部世界著名童话，可以很快得到以下结果：

目标

蟋蟀柴斯特的目标，是接受命运的安排，尽快适应在时代广场地铁站的生活，或想办法回到老家乡下。

阻碍

不知道如何回到乡下。

也不知道如何在城市里生活。

努力

接受了时代广场地铁站书报摊的小主人玛利欧的收留。

和老鼠塔克和猫亨利成为朋友。

结果

因为一系列意外，比如梦中吃掉了玛利欧家的纸币，举行派对时发生火灾，所以玛利欧的妈妈不喜欢小蟋蟀，小蟋蟀面临不好的处境。

意外

蟋蟀柴斯特在音乐方面的天赋被发现。

转折

蟋蟀柴斯特的音乐，改变了玛利欧的妈妈对它的态度，举办的蟋蟀音乐会在纽约市大出风头，也改善了玛利欧家的生活条件。

结局

蟋蟀柴斯特因为怀念家乡，最后在老鼠塔克和猫咪亨利的帮助下，回到了康涅狄格州乡下。

我们可以用一张思维导图进行输入：

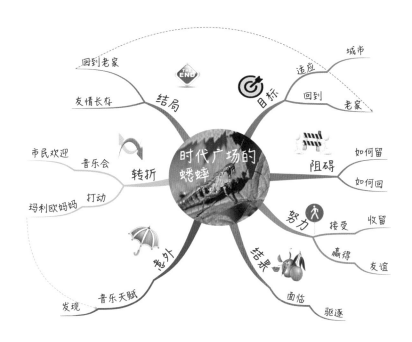

记住，阅读能力 = 既有知识储量 × 阅读技巧。当你开始熟谙这些套路之后，在阅读文学作品时可以变得游刃有余。

社会化阅读法——读书会

前面我们已经学习了多种阅读方法，还学习了如何快速阅读文学作品。现在你需要做的就是行动起来，开始读书。不仅自己要行动起来，还要带动身边的人行动起来。

从某种意义上说，阅读是一件私人化的事情，一个人读书与不读书，是自己的事情，至于读什么、怎么读，完全可以尊重内心。

但是阅读也是一件社会化的事情。

从大的角度讲，一个具有良好读书环境和读书氛围的社会，可以带动大多数人参与阅读。

从小的角度看，阅读就像吃饭，一个人吃饭，食物再美味，也不免有些孤单。如果一桌子人一起就餐，谈笑风生，往往食量会大增。阅读也是如此，共同读书不仅可以进行情感交流，还可以进行学问切磋。自古以来，读书人就有雅集聚会，进行社会化阅读的传统。

现在，社会上读书活动很多，家庭阅读、校园阅读、组织内阅读，各种读书活动层出不穷，就连企业家们的聚会也不再是喝着咖啡聊着天，一种提高聚会质量的"私董会"企业家学习形式正在流行。

很多时候，为了阅读聚会，收获的不只是阅读，而是远远超过阅读本身的思想启迪和精神提振。

除了社会上的读书活动外，对个人而言，家庭内部的读书活动可能是最有价值、最有意义的。

在家庭中构建良好的文化氛围，对于提升家庭成员的文化素养具有特别重要的意义。古代"耕读传家""第一件好事还是读书"的传统，都证明读书在中国家庭里的重要意义。但是我们正处在信息多元化的时代，养成一个良好的阅读习惯愈发困难。

怎么办？

理查德·乔根林的绘本《和爸爸一起读书》，讲的是一个家庭阅读的故事。作者是一个已为人母的女性，她从女儿的角度，讲述自己的父亲如何在她小时候和她一起读书的往事。现在，她也和女儿一起读书，年迈的老父亲慈祥地看着他们读书，整个家庭满是融融温情。

我在孩子尚未出生时，就开始为他读书。出生之后，在他身上发生了一件神奇的事，幼小的他无论何时哭，只要指汉字给他看，他都会瞬间停住，看完后就会笑。他两三岁的时候，外出时非常喜欢指认街道两边招牌上的汉字，那时他已经能认上千个汉字了。

为孩子打开书，就是把一个世界带到了他的面前，就是把一份爱意带到了他的心里，就是把一种生活方式植入了他的未来。

在孩子七岁半之前，我从未漏过一天给他读绘本。在他上学之前，他已经爱上了阅读，养成了读书的好习惯，而我从没跟他说过"你去看书吧"。2022 年的暑假，他就阅读了 20 多本小说。

他非常喜欢与家人和朋友聊书，认识的深度和广度也经常让人出乎意料。

培养阅读习惯，不是按着孩子的小脑袋去阅读，而是用浸泡的办法让他养成习惯。这种亲子阅读、家庭共读的良好氛围，对孩子的成长、对家庭关系和谐都有着不可估量的价值。亲子阅读、家庭阅读，不仅是知识的交流，更是情感的交流、价值观的传递。

因为对读书的热爱，我们有了更多温馨的亲子时光，我和孩子都从中受益。

亲子阅读，针对不同年龄、不同性格的孩子，可以有不同的方法。在阅读时，要留意孩子的阅读特点，读有插图的书，可以选择有趣又和当下有关联的书，不用急着换新书，可以重复阅读经典。

在亲子阅读过程中，父母要成为细心的观察者，无论是对书的观察，还是对孩子的反应，既要引导孩子、提出问题，又要耐心倾听、欣赏孩子的观点。

在孩子小的时候，要培养家庭的阅读氛围，并注重读书的仪式感。

实践证明，家庭读书会是开展家庭共读、亲子阅读的一种很好的形式。比如组织周末家庭读书会、假日家庭读书会、中秋月圆家庭读书会等，可以根据具体情况进行不同的主题阅读。

开展家庭读书会有如下好处：

第一，家庭成员之间相互学习知识，扩展视野。

第二，培养良好的阅读习惯，在交流中激发思维，培养终身学习的习惯。

第三，锻炼表达力、倾听能力以及展示自我的能力。

第四，提升阅读理解力、朗读能力、评价能力。

第五，发现家庭成员在平时生活中看不到的优点，也可以通过读书会更好地引导彼此成长。

如何组织一场家庭读书会呢？可以有很多种方式，以下提供一个基本的家庭读书会流程。

第一步，前期准备工作。

1. 设计海报和邀请函（家长可以和小朋友一起设计海报、制作邀请函）。

2. 确定阅读内容（选择适合家庭阅读的书籍，要根据小朋友的年龄选择合适的主题）。

3. 准备茶点（准备孩子爱吃的东西，增加家庭读书会的仪式感）。

4. 布置会场（可以选择客厅或者书房，大家一块布置，重点不在于读，而在于过程，氛围宜温馨、整洁、不凌乱）。

5. 准备音乐（读书会前后可以准备两首不同的音乐，开场前适宜轻音乐，结束时适宜欢快的音乐）。

6. 确定主持人（安排有经验的人，或者抓阄决定，让所有人都有参与感）。

第二步，读书分享。

主持人宣布家庭读书会开始，参与者按照顺序分享读书主题。分享的形式，可以是朗诵，可以是讲述，也可以是图文并茂地说明，还可以提前准备 PPT 或小视频。分享的形式不限，根据内容而定。

诚邀您参加《哈利·波特》书香茶会

时间：2020年8月26日
地点：书房/客厅
阅读书目：《哈利·波特与魔法石》

节目内容：
1. kevin以迷人的声音朗诵故事中最精彩的片段。
2. 爸爸客串演出书中"魁地奇球赛精彩实况报道"片段（自己加搞笑台词）。
3. 妈妈布置场景并准备令人垂涎的点心。
4. 爷爷精心准备一本值得永久收藏的书作为礼物送给大家。
5. 每个人准备一张爱心卡为本次读书会写感言。
6. 共唱我们熟悉的歌，庆祝书香茶会圆满成功。

节目精彩，不容错过（有冷气开放）。
欢迎您准时出席

邀请人：kevin
日　期：2020年8月

读书会邀请函示例

建议大家将准备分享的内容提前制作成思维导图内容卡，可以有效帮助我们去分享。

在分享过程中，人人平等，要学会聆听与尊重，在他人分享时不能打岔，要学会鼓掌与真诚地赞美。如果觉得对方分享的内容需要探讨，可以先记录下来暂且放到一边，等分享完毕，再进行探讨。探讨时，允许每个人有独特的见解，不做批评。

读书会的重点是，与其他人分享书的核心要点以及自己的认识和感受，不在于去辨明观点的对错。

第三步，记录总结。

所有人都分享完成后，请大家在自己分享所用的思维导图卡片背后写上聆听的感受。主持人对本次读书会做简单总结，多多鼓励，提出期望。如果有可能，宣布下一期读书会的主题和时间。

家庭读书会结束后，由爸爸或妈妈将本期家庭读书会的情景和收获，以图文并茂地形式的整理下来，或者制作一份精美的 PPT，供大家留念回味。

下面就是我在 2019 年春天召集主持的一次家庭读书会的记录，分享给大家。

《俗世奇人》家庭读书会

一年之计在于春。万物生长的三月，属于春天、生命与读书。

春节后，天天的爸爸提议每月举行一次家庭读书会，天天和妈妈欣然同意。

天天推荐第一期全家共读冯骥才先生的《俗世奇人》，这可是他最爱的书之一。

说开始就开始，第一期读书会的时间就定在 3 月 2 日，一个周六的晚上。

第一次读书活动很重要。妈妈提前做了功课，制订了详细的活动流程，并提前与爸爸和孩子沟通，征求意见。

转眼周六到了，妈妈提前在长桌上摆好了各种水果和精致的点心，放好由天天提供的《俗世奇人》，当然还有爸爸爱喝的一壶好茶。墙上贴着为读书会准备的小卡片，一张写着"倾听彼此和鼓励理解"，一张写着"贡献你的想法，吐露你的心声"。桌旁开着橘黄色的落地灯，房间布置得雅致、温馨，营造出浓浓的阅读氛围。

在妈妈心里，读书可是认真的事，不可轻慢。

冯骥才的《俗世奇人》有两本，每本十八篇，以清末天津市井生活为背景，每篇专讲一个传奇人物的生平事迹，素材均收集于长期流传津门的民间传说，故事生动有趣，惟妙惟肖，人物跃然纸上，令人惊叹不已。

第一期读书会的模式，就是读书、分享、探讨。每个人先朗读一篇书中的文章，读完后跟大家分享一下自己的心得感受，其他人可以与其探讨、提问。

天天读第一篇《苏七块》。苏七块可是一位讲究"规矩"的传奇正骨医生。天天读文章的时候模仿天津话，声情并茂，惟妙惟肖，令人忍俊不禁。天天这天津话可是跟着"喜马拉雅"App 里的"花生粥"学的，天津味儿十足，很不错。

接着妈妈读《刷子李》。《刷子李》讲述了一个手艺极高的粉刷匠的故事。妈妈当时正好练习发音技巧，在朗诵时，有板有眼，字正腔圆，底气十足，声声入耳，使得闻者不自觉地凝神静气。

爸爸读第三篇《酒婆》。酒婆是一个孤苦无助的老婆子，爱喝酒、不赊账。在首善街酒店老板卖假酒时，酒婆没出事，老板开始卖真酒时，酒婆却遭遇惨事。爸爸读书时，吸收了说书人的技巧。根据小说文风和人物性格特征，对文章进行了演绎和发挥，注重口语化，半读半说，自成一格。

读完后，爸爸、妈妈和天天都分享了自己的读书感受，并与他人进行了探讨。大家又针对这次读书会提出了自己的意见和建议，便于下次读书会的呈现。最后，妈妈进行了总结发言。

读书浸润心灵，阅读点亮人生。家庭读书会，不仅在于读书本身，更在于家人精神上的交流和沟通成长，是弥足珍贵的亲子时光。

妈妈表示，等时机成熟的时候，还要邀请其他小朋友一起来参加我们的家庭读书会。

一次愉快的家庭读书会结束了，希望下次读书会更美好。

亲爱的读者朋友，快行动起来与家人、同事或朋友组织一场读书会，一起读书吧，你会收获更多！

猎豹阅读法

技能进阶

快速打通一个领域

05

主题阅读

据说，微软创始人比尔·盖茨为了搞清楚某个问题，至少读 5 本书之后，才会对这个问题发表自己的看法。

在朋友圈，经常听说有每年阅读量达几百本的阅读达人。他们不只是阅读，还能用思维导图将每本书的重点进行输出，就某个主题进行文章分享。这是不是很厉害？有的人不相信这是真的，然而这却是事实。那他们到底是用什么方法做到这一点的呢？

实际上，他们都是在用一种叫主题阅读的方法。

主题阅读这个词，有的人会觉得有些陌生。事实上，主题阅读在生活中无处不在。

在生活中遇到一个自己不懂的问题，你会怎么办？

上网搜索资料、请教朋友，将这些意见和看法进行综合评价后，结合具体情况和实际需求做出判断，是我们惯常的做法。

如果我告诉你，这也算主题阅读，你可千万不要惊讶。

两者的区别在于，刚才的例子是就一个问题横向展开向多人请教，收集解决问题的方法，而主题阅读是就同一主题，向多本相关书籍请教，来帮助自己解决问题，使自己获得成长。寻求解决问题的对象，不再是人，而是书籍，这就是主题阅读。

主题阅读是当我们对某一主题产生兴趣时，为了弄懂这个主题的内容，用一段时间集中阅读相关领域的多本书籍、多篇文章，以获取这个领域的知识，并对其深入了解和掌握。

这个世界远比我们想象中的复杂，而我们对世界的认知是一个过程，当我们认知不够的时候，我们需要获取更多的信息资料来认识世界，从复杂的表象背后提炼出基本逻辑，并进行精减处理。

当我们对一个主题没有任何知识储备的时候，只靠看一本书去了解，不仅速度慢，在理解上也会有局限性。如果多看几本，不仅读起来一本比一本速度快，理解也更全面，正所谓"书读百遍，其义自见"。

当你阅读了同一主题的多本书以后，你再看到类似的新书，一看目录就知道这本书对你而言有多少新知识了，阅读这本新书的速度也会更快，理解更好。

美国学者莫提默·J.艾德勒在其成名作《如何阅读一本书》中，将阅读依次由低向高分为基础阅读、检视阅读、分析阅读和主题阅读四个层次。他认为，主题阅读是阅读的最高层次，也是阅读的最终目标。

基础阅读和检视阅读相对来说简单一些，但分析阅读和主题阅读，很多人可能都没有尝试过。这里，先给大家简单介绍一下这四个层次的阅读。

第一个层次：基础阅读

基础阅读是一切阅读的基础。基础阅读只需要有基本的识别能力，有能读懂一篇文章的水平即可进行。如果这个水平都达不到，很难实现其他层次的阅读。

我们在前面就谈到，快速阅读是建立在识别之上的，没有基本的识别能力，没有一定的词汇积累，是无法快速阅读的。一般来说，九年级（初中毕业）的孩子基本上都拥有基础阅读能力。

第二个层次：检视阅读

检视阅读强调时间和效率，能够快速浏览了解书的基本信息，确定这本书要不要读。

检视阅读主要回答两个问题：
第一，这本书想要解决什么问题。
第二，作者用什么证据来支撑他的主张，也就是如何说的。

如何进行检视阅读呢？
看书的外围信息：封面、封底、目录、序言等部分的信息。这些对于经过高效阅读训练的你来说，是不是感到非常容易呢？是的，它非常简单。

这个方法其实非常有趣，你可以现在就去找 3~5 本书，读几遍书的外围信息，检验一下自己是否能知道那本书想要解决什么问题，能否用一句话描述出来；检验一下自己是否能知道作者用什么证据来支撑他的观点，能否说出三点。

如果能做到这些，那么恭喜你，你已经学会了检视阅读。

第三个层次：分析阅读

与检视阅读不一样，分析阅读是一种精读，是要在全面阅读的基础上，分析作者的观点，并能做出评价。

分析阅读的重点，是掌握书的"核心内容"，即弄清楚作者是围绕什么来支撑自己的观点的，并在阅读完毕之后对这本书作出评价。

在这个阶段，我们可以进行如下操作：

第一步，快速识别文本类型。看这本书是寓言故事、历史题材、虚构类小说还是工具类书籍，分析类别有助于运用高效的阅读方法。

第二步，检视阅读。检视阅读的方法如上所述。

第三步，详细阅读核心内容。看看作者的主要观点是什么，要对主要观点进行详细阅读，其他地方略读。猎豹阅读法的核心是瞄准重点，区分主次。别忘记前面的训练，如何找重点段落、核心句、核心词和关联案例。

第四步，用思维导图输出核心内容，梳理逻辑关系。通过详细阅读，你已经理解了作者对主要观点进行的论述和证据支撑。通过思维导图的呈现，可以看到全局与各要素之间的逻辑关系，更好地理解核心内容与文本结构，认识作者是如何解决问题的。思维导图输出的实质，是把书的核心内容进行咀嚼、消化。

第五步，关联与评价。阅读是否成功，不仅在于快速、高效读完一本书，更重要的是学以致用，并让知识形成体系。

因此，我们需要将阅读的内容进行关联：

由这本书联想到其他作者、其他书。

由创作背景联想到人物的命运与历史的进程。

由书的内容联想到自己的生活、工作、过去的经历、当下的状态。

书中有哪些富有哲理、直指人心的句子，有哪些惊艳的描写。

如何评价这本书，如何看待书中的人物和作者的观点，哪些赞同，哪些反对。

对自己有什么启迪，哪些值得学习，哪些需要摒弃。

关联过往，才能更好地找到方法面对未来。关联是开放的，以上列举的关联，不是所有都要进行。

所以，**我们用思维导图进行输出时，一定要留白一个主干，用来写感悟、写关联、写行动、写评价，让这个主干为自己所用。**

如上所述，分析阅读包括识别文本类型、检视阅读、阅读核心内容、内容输出、关联与评价五个步骤。分析阅读的目的是寻求更好的理解，在时间上没有限制，但如果运用高效的阅读技巧，仍会帮我们大大节约时间。

第四个层次：主题阅读

主题阅读是一种聚焦同一主题，在一定时间内阅读大量书籍的方式，它可以有效避免零散阅读所造成的易遗忘、重复思考而不深入等问题。

在短时间内大量阅读相关内容，可以有效加深记忆，多角度、更全面地理解同一主题。最重要的好处是，当完成阅读之后，可以有效地形成框架性思考，非常利于将书中内容应用到实际中来。

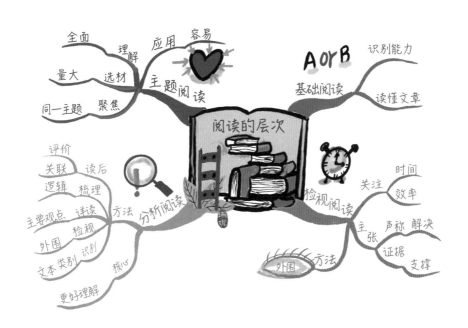

进行主题阅读之前，需要先设置一个问题，或者设置一个目标。

举个例子，如果我想学习如何理财，让自己的财富在五年内快速翻一倍，那就需要找很多关于如何让财富增值、保值的书来阅读，如本杰明·格雷厄姆的《证券分析》、沃伦·巴菲特的《巴菲特致股东的信》、查理·芒格的《穷查理宝典》、李录的《文明、现代化、价值投资与中国》、但斌的《时间的玫瑰》、王洪的《林园炒股秘籍》等书。

每个作者都会在书中介绍他的经验和教训。通过对这些信息的分类与整合，我们会发现这些书的核心是什么，相同点、不同点、矛盾点和互补点是什么，综合之后便能找到适合自己的方法。

这是先设置一个问题，然后再进行主题阅读。

再如，我希望自己半年内通过科学方法减重 15 公斤。这时就要阅读健身方面的书，阅读科学饮食、科学睡眠等方面的书。

通过阅读相关内容，对信息进行分类与整合，我会发现这些书的相同点、不同点、矛盾点和互补点，最后综合多本书的核心得到适合自己的一套科学减重方法。

这是先设置了一个目标，然后再进行主题阅读。

记住一句话，无主题，不阅读。

阅读主题的选择，视自己的需求而定。记住，**主题阅读的目标，是高效地解决问题**。

如果你想学习演讲，就要列出一份与演讲有关的书单，比如《演说之禅》《深度说服》《TED演讲的秘密》等。

如果你想研究个人的天赋，可以找与天赋相关的书单，譬如《让天赋自由》《高敏感是种天赋》《发现你的天赋》等。

我曾经对禅绕画非常感兴趣，于是就购买了很多本与禅绕画相关的书，一边阅读一边练习，前后画了上千张禅绕画。在关于禅绕画主题的阅读中，我不仅获得了内心的宁静，感受到生命的美好，而且掌握了一项禅绕画的绘制技能与心法，可以跟朋友去分享。

后来，我对思维导图这个学习工具很感兴趣，于是我在互联网、书店里搜索有关思维导图的一切信息，了解到思维导图的创始人——来自英国的东尼·博赞大师，了解到国内思维导图领域的大牛，如长期从事思维导图教育的姬广亮老师、华人思维导图第一人孙易新老师、中国第一位世界思维导图冠军刘艳老师等，知道这些前辈们多年来对思维导图的推广、教育工作，改变了很多人的命运，帮助了很多人实现梦想。

我非常崇拜这些思维导图领域的前辈们，同时对思维导图这个工具充满了好奇，非常期待自己也能掌握这个神奇的工具，于是就购买了与此有关的大量书籍进行主题阅读。

在学习思维导图期间，我深刻感受到，主题阅读就像同时和一群优秀的老师们在进行一种类似于"Seminar"（研讨式教学法）的教学活动，我同时在与这群前辈和大牛们进行交流、学习。因为对同一主题，不同的老师会有不同的观点，这些观点互相激发、碰撞，鼓励我对同一个主题形成发散性、批判性思考。

在进行阅读的过程中，我会把书中的观点，无论是相同的观点、互补的观点，还是不同的观点甚至矛盾的观点，都圈出来，并用思维导图进行记录和分析。

就是在这样的过程中，我对思维导图这个主题有了更加深入、更加体系化的了解，并且形成了自己的认识。

主题阅读，不仅能帮助我们快速打通一个领域，还能让我们对事物有更好的认识。

第一，主题阅读，能帮我们重复过往的知识，以达到深度记忆的效果。

进行主题阅读时，我们会与某些知识点不断相遇，只是它们可能换了一种表述方式，但其实说的是同一个内容。不断地重复阅读，能更好地贯通理解和记忆。

由于知识是收敛的，基本上每个领域的知识最后都会收敛到几个最简单的原理上。所以，假设我们阅读了十本关于某个领域的书，再假设每本书有一百个知识点，简单加起来一共就有一千个知识点。

那么，我们在主题阅读的过程中，相当于对每个思维模型做了几百次理解式重复、检索式重复和间隔式重复。所以，我们自然会取得深度记忆的效果。

第二，主题阅读能很快帮我们看透事物的本质。

对同一主题进行阅读，超过五本书，就基本能够看透这个领域的本质，甚至获得的认知可能比那五本书的作者还要深刻。

为什么这么说呢？**主题阅读的本质，就是同时学习多个智者的智慧，然后把所有的智慧统合到一个逻辑体系里。**

由于世界具有多样性，知识的生产也会受到条件限制，任何一本书都无法面面俱到，因为每个人都会有认识的盲区，不能够全面、准确、完整地认识这个世界。

每本书呈现出的内容，犹如盲人摸象得到的结果。有的智者摸到的是耳朵，有的智者摸到的是大腿，有的智者摸到的是肚子。所以，如果只接受某一个智者的观察，我们所看到的世界就极有可能是片面的。

主题阅读的过程，其实就是在用智者验证智者，用智者批判智者，用智者完善智者。

只要把所在领域的智者全部找出来，然后用思维导图梳理一遍，就能立马看透这个领域的本质，至少能在认知层面成为那个领域的专家。当然，还需要去实践，同时打造自己的影响力。

其实主题阅读从某方面来说比线下课程更经济、更实用，因为我们既无须支付课程费用，也无须来回奔波，通过灵活的时间安排就能达到事半功倍的效果。

总之，主题阅读是我们深度构建自己知识体系的有效途径，不仅能帮我们重复过往的知识以达到深度记忆的效果，还能帮我们很快看透事物的本质。

阅读能力 = 既有知识储量 × 阅读技巧

接下来，我将为大家介绍主题阅读的方法，包括如何进行文章主题阅读以及书籍的三种主题阅读法。

文章主题阅读法

主题阅读，主要包括文章主题阅读和书籍主题阅读。

当然，在这个飞速发展的时代，还会有更多对象可以进行主题阅读，比如音频、视频、论文、采访、调研、图片、数据等，都可以是主题阅读的对象。

与书籍主题阅读相比，文章主题阅读是我们在日常生活和工作中经常需要做的事情，无论你是否意识到这一点。

譬如，你是一名大学生，期末老师要求你写一篇某个学科的论文；你是一名上班族，领导安排你搜集某个行业或商品的商业信息，供公司决策用；你是一名助理律师，合伙人律师接手了某件诉讼案件，需要你去检索与案件相关的法律法规和参考性案例，供合伙人律师参考；你是一名全职妈妈，需要根据宝宝的体质、年龄和发育阶段，为宝宝准备一份营养健康的菜单……

文章主题阅读，就是在一个时间段内，围绕某个主题——问题或者目标——收集碎片化的文章，然后进行集中式阅读。

通过大量阅读后，我们就能在短时间内建立起对这个主题的知识体系。

大家有没有发现，我们之前在进行快速阅读训练时，都是单纯读一篇文章，或者单纯读一本书。这种零散的阅读，当然也能增加知识储备，但显然无法快速了解一个领域，打通一个领域更无从谈起。

经常听到朋友感叹：我的阅读量也不小，但对很多东西好像一直处于一知半解的状态，既没有体会到知识的价值，也没有感受到阅读的乐趣。

这是怎么回事？

这是因为你只是在泛泛地阅读，既没有目标，也没有深度，除了消磨时间外，不会有什么太多的价值。

如何避免碎片化阅读？

不知道大家有没有留意到，当你在网上购物或者浏览文章、刷视频时，只要浏览过某种商品，网络平台就会不断为你推送相同或类似的商品；只要你关注了某个话题，网络平台就会不断为你推送同类主题的文章。

那阅读可不可以如此呢？

当然可以。

想全面了解某个主题，我们就可以通过收集、搜索大量的相关主题的文章，进行集中阅读，你会取得意想不到的收获。

我在学习思维导图时，不仅阅读了思维导图创始人东尼·博赞先生关于思维导图的文章，还阅读了姬广亮、孙易新、刘艳等国内思维导图领域众多前辈们的著作。他们都是通过思维导图完成了自我实现，通过写作和教学，传播思维导图学习法，泽被社会。

我带着渴望去了解了思维导图是一个怎样的神奇工具，这些前辈有着怎样的学习动机，通过网络、实体书店等途径大量查阅有关思维导图以及这些前辈们与此有关的文章和信息。他们中有的人的文章能从网上搜索到，有的人的文章能搜到但信息却不多，还有的人的文章在网上搜不到，必须要到实体书店去找。

在集中阅读的过程中，我不仅了解了思维导图的本质和内在逻辑，而且了解了这些前辈们对同一问题的不同认识和看法。正是通过这样的集中主题阅读，我在短时间内对思维导图的知识框架、发展状况有了较为系统、深入的了解，并在前人的基础上形成了自己的认识。

我正是在这样的主题阅读的基础上，开始了关于思维导图的学习和教学生涯。

事实上，绝大多数学习都可以通过文章主题阅读来完成。一个要解决的问题，一个感兴趣的话题，一个立下的短期或长期目标，都可以作为阅读的主题。然后，通过网络搜集相关文章，集中阅读大量文章，就能获得对该主题的全面了解。

然后，我们可以对通过阅读获得的知识用思维导图进行输出，形成结构化的知识体系。最后，我们还可以将学习成果分享给他人。

经过这样的一个完整的过程，文章主题阅读就是成功的、有效的。

在阅读过程中，要记得把优质的文章收藏起来，可以利用微信中的收藏功能，还可以下载专门的文章收藏工具，如印象笔记、有道笔记等工具，并做好"标签"分类，在需要的时候这些"智囊团"就能派上用场。

我就是这样做的。如果我想收集某个主题的文章，就会刻意地去留意相关公众号的文章，并随时将这些素材放到我的有道笔记中，久而久之，就形成了我的资料库。

在阅读教学过程中，我会给学员布置文章主题阅读的任务，每个学员可以自选主题，利用平时工作的间隙时间，运用我在课堂上教授的阅读技巧，很快就能完成一次主题分享。这就是文章主题阅读的灵活性所带来的益处。

现在有很多人做自媒体，我的学员里面也有很多做自媒体的，我就安排了一期"自媒体如何变现"的主题阅读并进行分享，下面是其中一个学员的分享和输出：

自媒体"变现"的十大方式

现在是自媒体时代，人人都可以自由创作和分享，但很多人不知道自媒体该怎么变现。今天我就给大家盘点一下自媒体变现的渠道有哪些，希望能帮到大家。

一、稿费

这是自媒体最基本的变现方式，比如向其他账号供稿，使用文章打赏、付费阅读功能，这些变现方式微信公众号上几乎都有。

二、广告

不管是平台官方自带的广告，还是第三方接洽的广告，都是变现的重要方式，比如微信公众号的流量主计划、头条号广告、商家推广带货广告等。

三、平台补贴

为了鼓励更多作者创作优质的内容，平台会不定期推出一些活动，比如今日头条的青云计划、大鱼号的大鱼计划等。

四、社群付费

社群付费对内容要求比较高，如果你积累了足够多的粉丝，可以尝试社群付费的方式，提供一对一咨询、会员制收费等。常用的 App 有知识星球等。

五、出书

很多编辑会通过互联网挖掘一些优质内容，联系作者出版纸质书、电子书等。

六、电商

自媒体账号发展到一定阶段，有足够的知名度和粉丝后，可以考虑直播带货，销售周边的产品、服务，譬如视频号、抖音等，就有很多达人在直播带货或开网店等。

七、开课

把优质内容整合后，以付费课程的形式推给粉丝，也是一种变现手段。很多大 V 通过引流的方式，把微博、公众号的粉丝引流到"得到""小鹅通"等 App，向粉丝提供付费课程。

八、线下活动

在当地或者粉丝群体比较多的地区举办演讲、分享会等，比较有名的有樊登读书会、罗振宇每年的新年演讲等。

九、音频付费

在"喜马拉雅"App、"荔枝"App 上开通付费频道，我的一些老师、朋友就在这些 App 上提供"听书"之类的付费音频课程。

十、天使投资

大神级别的自媒体可以获得投资，比如知名网红"papi 酱"的账号就曾获得罗振宇等人的投资。

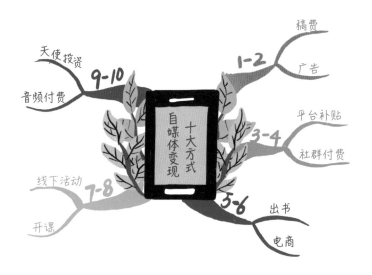

文章主题阅读不仅可以帮助我们在短时间对这个主题有全方位的了解，而且操作起来比较灵活，在地铁上、等人时的碎片时间内都可以进行。对于上班族或者宝妈，这种形式灵活的阅读，非常适合。

最后，我们再来总结文章主题阅读的流程：

第一步，确定主题。对于新手而言，确定主题有点难度，我的建议是如果对某个话题感兴趣，就去阅读相关文章。或者在工作上某一方面需要提升，不妨就从这方面着手去进行主题阅读，例如如何取公司名，如何进行员工关怀等。

第二步，利用碎片化时间搜索20篇以上与主题相关的文章进行阅读。可利用百度、微信公众号、知乎、果壳等进行搜索。

第三步，形成自己的认识，形成新的主题，并通过思维导图进行结构化输出。

第四步，与家人、同事或朋友进行分享。

书籍主题阅读法

就同一主题来说，一本书的容量和深度是一篇或数篇文章远远不能比拟的，书中的知识是体系化、结构化的。如果我们想真正打通一个领域，就需要阅读书籍，而非仅仅止步于阅读几篇文章。

本书为大家重点介绍三种常用的书籍主题阅读方法，分别是问题型主题阅读法、跨界主题阅读法和反向主题阅读法。大家可以根据自己的需求来进行选择。

问题型主题阅读法

如何使用问题型主题阅读法进行阅读呢？

第一步，确定一个主题，或者提出一个问题。

既然是主题阅读，一定要有围绕其展开阅读的主题。选择主题阅读，往往源于我们对某个内容不太理解，感到模糊，因此要去弄懂相关内容；或者是对某个事物非常感兴趣，有进一步探索的欲望。所以，通常情况下，我们很清楚我们要阅读的主题是什么。

但有时候，一开始时主题可能并不是很清晰，需要我们获得更多信息之后才能确定。所以，当我们开始进行主题阅读的时候，不必一开始就强求自己找到一个清晰的、确切的主题。

当我们获得足够多的信息之后，自然会确立一个主题，可能是我们一开始就明确的主题，也可能是阅读之后重新确定的主题。

第二步，准备主题阅读的书单。

确定了阅读主题后，我们需要围绕主题列出一份书单。

关于选书，其实只要书中有一点内容和这个主题相关，都可以纳入主题阅读书单。但这样做显然是不科学的，因为我们没有必要，也没有那么多时间和精力用在良莠不齐的书上。

面对一个全新的主题时，新手往往不知道哪些书是必读的、经典的，而哪些书又是可有可无甚至名不副实的。一份优质的书单，可以让我们快速入门、掌握精髓，避免走弯路、做无用功。

曾经我也为书单而苦恼，而现在，我的学员、朋友会请我帮助他们列书单。实际上，没有一份完美的书单刚好满足你的需求，因为只有你才知道自己的喜好，只有你才了解本次主题阅读所要解决的真正问题。

我们需要掌握准备主题阅读书单的技能，以下是一些常用的方法：

第一，在网上搜索。百度、知乎、豆瓣都有优质的荐书文章，任何一个主题都有一系列的推荐书单。豆瓣上还会对书进行评分，一般来说，7分以上的书都是不错的，如果达到8分以上内容就不会差了。可以在网上对推荐的书进行初步了解，筛选后再决定购买哪些书进行主题阅读。

第二，在阅读类的公众号或者简书上搜索。这里面经常会有爱读书的人发布书单，尤其在每年世界读书日的前后。千万别错过一些有关读书的文章，文章的后面没准就有一系列不错的书单。

第三，请老师或朋友推荐。如果你认识的老师或熟悉的朋友是某个领域的专家，那么他推荐的相关领域的书一定错不了。

第四，顺藤摸瓜，以书找书。现在很多书都是以系列形式出版的，这类书的封底或腰封，经常会有相同主题、同一系列或同一作者的书的推荐，我们可以顺着该线索发现更多的书，直到找到我们想要的书为止。

还有一些书的附录上，会列出作者写作时的参考书目，这些书中或多或少会有围绕该主题展开的内容。我在本书中提到思维导图领域的前辈们，他们都有自己的著作，搜索他们的名字就能很快找到相关主题的书。

第五，去实体书店寻找相关书籍。我喜欢逛书店，钟书阁、诚品书店、茑屋书店都是经常去逛的地方。在书店里，发现一本好书绝对是一件非常快乐的事情。

如何在书店里快速找到需要的书呢？我们需要分析一下想找的主题属于哪个类别，是育儿方面的，还是企业管理方面的，是演讲类的，还是哲学类的。确定书的类别后，在书店就能很快找到相关书籍，因为同一类别的书往往放在同一区域。或者直接问一下图书管理员，就省去了自己找的时间。

对于太贵的书或者市面上买不到的书，可以去借。"书非借不能读也"，这句话确实有一定的道理。但是不要忘了，爱书之人一般不爱出借自己的书，遇到肯借书给你的人，你一定要珍惜，好借好还。

当求书不得时怎么办？"孔夫子旧书网"这类二手书网站会有意想不到的惊喜，在"微信读书"之类的 App 上可以找到市面上大部分的电子书。

第三步，侦察阅读，寻找与主题关联的资料。

现在书单有了，我们就可以开始围绕感兴趣的问题进行主题阅读了。

这个过程有点像我们隔空向作者提问，任何和主题相关的问题，或者大脑临时冒出来的问题，都可以去书中寻找答案。

当然，要记得运用本书前面介绍的高效阅读法的各项技能，快速寻找重点，提取核心内容，分析内容是否和主题相关，再看看作者是如何回应这些问题的。

用侦察阅读法快速浏览，看看书中有没有可以解决问题的内容。每本书花上 1~2 分钟看一下外围信息，就能大概判断有没有你想要的答案。

前文提到过，外围信息就是书的封面、封底、目录、序言、书腰上的信息，这些信息往往非常丰富。

仅通过一本书对相关主题进行了解是有限的，我们需要多翻阅几本书，我的建议是至少要翻阅 10~20 本书，再从中筛选出适合你的。

有的书只不过是围绕主题打了个擦边球，或者只有一小部分内容和你关心的主题相关，这样的书就可以直接淘汰掉。

记住，我们所要选择的书，不仅要解决我们的问题，还值得我们花时间去阅读。否则，买了一堆无用的书，不仅浪费钱，还占用空间，扔掉可惜，送人不舍得，像鸡肋一样。

所以，在翻阅阶段就可以直接淘汰一些书，不管它在不在书单上。

当我们通过快速浏览的方法，把需要的书全部抱回家后，要在两天内对每一本书进行侦察阅读。

为何要在两天内呢？我在教学时，大量学员反馈，如果买书后没有在两天之内迅速翻阅，基本上就难以读完。

我们要做的是，根据主题对每本书进行侦察阅读。**侦察的方法就是根据主题迅速寻找我们需要的内容，并把与主题相关的内容用彩色笔圈出来，**

或者在阅读时进行折页。

这个时候一定要记住，侦察内容是目的，因此要迅速向前翻阅，眼睛快速寻找相关内容，以平时五倍以上的阅读速度，快速向前。遇到相关内容，就迅速圈出来，继续快速向前。别停下，别思考，别记录，只做个标记，圈出来或折页即可。

每一本书都这样进行。

通过侦察阅读，我们会在每本书中收集到与主题相关的内容，当初只是感兴趣，但有些模糊的主题，现在会更加具体，对相关内容也会有更深刻的认识。不仅如此，还可能有意外的发现和收获。

第四步，分类归类，再次阅读，高效输出。

现在，我们已经从每本书中找到了与主题相关的信息，下一步我们要做的是，对这些信息进行分类整理，筛选出有价值的次级主题，留下与主题相关的有价值的内容。我们还需要将筛选出来的信息进行分类，以系统化、结构化的形式呈现出来。

这就好比从超市买菜回来，在放到冰箱之前需要把不同的蔬菜和食物进行分类，生熟要分开，肉类和蔬菜要分开，有的需要放到保鲜区，有的需要放到冷藏室，而不是一股脑儿塞到冰箱里。

那怎么分类呢？

先确定主题，然后搭建框架，大主题下面再分小主题。通常来说，一本书的书名是它的大主题，目录是整本书的核心词句，是大主题下面的小主题。

在进行主题阅读时，我们可以选择其中一本书的目录作为分类主题。第二本、第三本、第四本，甚至更多的书，都以这个分类方式为基准。

正确的做法如下：

第一步，写出分类主题。除了该书的大主题外，一般下面还包括三个小主题：是什么，为什么，怎么做，分别写下三个对应的分类主题。

第二步，确定完毕之后，快速重读与主题相关的内容。比如想要重读"怎么做"这部分内容时，可以快速浏览找到该书中关于"怎么做"的部分，如果有三处，就拿出三张便笺纸，用关键词或者关键句记录核心内容，并写上页码，贴到分类主题"怎么做"下面。

在关注"怎么做"这个小主题的同时，把"是什么""为什么"的主题内容也记录下来，放到相应的主题下面。

第三步，以同样的方法，对第二本书、第三本书、第四本书进行快速阅读和分类。

在这个过程中，要归纳要点，做好标记。本书前面介绍的阅读技能和方法，此时都能派上用场。世上没有白走的路，每一步都算数。

分类主题可以让我们快速、清晰地了解不同作者对同一问题给出的答案或观点。如果感觉有点模糊，还可以根据便笺的提示快速查阅相应书籍中的相应内容。

如果觉得分类主题不太容易确定，可以试试**大纲主题输出法**。

比如，我想了解思维导图这个学习工具，就从书单里挑选了四本思维导图的相关书籍来快速了解：

第一本是思维导图发明人东尼·博赞先生的著作《思维导图》。我围绕主题快速阅读后，将该书的内容分为四部分：第一部分，什么是思维导图；第二部分，思维导图的益处；第三部分，如何绘制才是一张有效的思维导图；第四部分，如何有效应用思维导图。

通过阅读第一本书，我获得了思维导图这个主题的书籍的基本结构，然后将该模板的框架直接套用在后面的阅读上。

第二本书，我阅读的是姬广亮老师的思维导图著作，就直接把姬广亮老师著作中关于这四个问题的认识或结论直接摘出来。

第三本书，我阅读的是刘艳老师的思维导图著作，同样，看看刘艳老师对思维导图在这四个方面是怎么阐述的。

第四本书，我读了孙易新老师的思维导图著作，看看这位前辈是怎么看待思维导图的这四个方面的。

然后，我就得到这样一个思维导图主题阅读的输出表格：

书名	什么是思维导图	学习导图的益处	如何绘制	如何学以致用
思维导图 作者：东尼·博赞				
思维导图 作者：姬广亮				
思维导图 作者：刘艳				
思维导图 作者：孙易新				

从上述表格中看到，我对第一本书进行了主题分类，后面的几本书也是以第一本书的分类为模板的。

再次强调一点，主题阅读的目标是寻找答案，要根据问题或者目标进行阅读，把注意力集中到跟主题相关的内容上。所以不要纠结于细枝末节。因此，我们不需要把一本书全部归为己有，只要找到和目标或者问题相关的答案即可。

进行完主题阅读后，如何进行高效输出呢？

有两种模式，一是兴趣输出法，二是大纲输出法。

一、兴趣输出法

自己有清晰的框架。比如有人直接用七问分析法（即 5W2H 分析法）的结构，也有人用黄金圈法则，为获得的知识进行有效分类，进而进行输出。

黄金圈法则是一种思维模式，它把思考问题和认识问题画成三个圈。

最里边的圈层 Why 层：为什么做一件事。

为什么做——了解原因，明确需求，明确目标，强调目标，不断提醒。

中间的圈层 How 层：怎么做，是实现目标的途径。

怎么做——找到方法，了解步骤；向有经验的人请教，向幸福的人学习；多沟通、多联结，展示自己的优势。

最外面的圈层 What 层：做什么，指的是事情的表象。

做什么——提前准备，落实行动；根据以上两步制订具体的行动步骤。

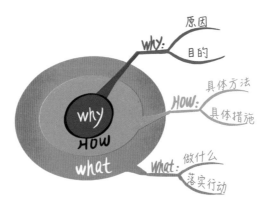

黄金圈法则示意图

二、大纲输出法

阅读之后，选择其中一本书的内容进行分类，分类时用一个关键词进行归纳，用这样的方式搭建输出框架。其他书的输出框架以第一本为蓝本。

比如上面列举的关于思维导图主题阅读的例子，我读完博赞先生的书后，提取关键词，对阅读内容从四个方面进行分类，阅读同一主题的其他书籍就以此为蓝本进行输出。

需要说明的是，这个表格输出方法不是固定不变的，纵横都可以延伸，而且可以根据需要增加内容。

比如第一本书有四个问题要问作者，后面三本书如果问题变多，就可以在第一本的基础上增加分类。如果某本书的作者对某一栏的相应问题没有解答，那么这一栏空着即可。

如果还想看看其他作者对于这几个方面的解读，依然可以扩展。所以，这张表格，横向可以增加问题，使得对主题问题有更全面的了解，有更深刻的认识；纵向可以增加书籍，让更多作者"参与"主题讨论。

以上是用表格方式进行的主题阅读输出。

其实，我们还可以用思维导图进行主题阅读输出。具体方法是：

1. 在中心位置写上主题。

2. 在主干上画一本书，写上不同的书名；如果书名很长，可以直接写作者名字，更能感受到作者就坐在你对面，你正在向他请教问题。

3. 每本书的次级分支上写该书作者解决你问题的核心内容。

4. 拓展内容，将作者解答的内容一一放到导图之中。

5. 用关联线或者色块，关联同类答案，便于进一步分析。

6. 在导图的反面写上思考与行动，这是很关键的一步。

用思维导图进行输出时，可以先用一支笔、一页纸进行输出，可以是词，也可以是句子。然后再用彩色笔按照自己的需求对关键词进行第二遍梳理。

实际上，第二遍梳理之后才能达到转化。在第二遍进行导图输出时，可以直接将思考和行动放在最后一个分支上。

主题阅读，无论是通过表格输出，还是通过思维导图输出，目的都是让阅读不再碎片化，形成知识组块，且让输出可视化。

一个爱阅读的人可以通过两种方式从书中获益：一种是学习书中的知识，再把知识转化为现实世界的竞争力；另一种是通过感知历史先例和人格模板获取意义资源，把自己融入更大的共同体制中找到同盟军，从而获得力量。

主题阅读实现了知识从输入到内化，再到输出的过程，需要读者主动进行思考。这个过程是强烈而艰辛的，也是充满乐趣的，在构建知识体系的同时，学习者心智上的理解力、认知能力均能得到飞速提升。最后，通过运用所学的知识解决生活中的问题，才是主题阅读的真正价值。

我们将问题型主题阅读的流程，归纳如下：

第一步，确定一个主题，或者提出一个问题。

第二步，准备做主题阅读的书单，新手 3 本以上，一般 5 本以上。

第三步，侦察阅读，快速翻阅，寻找与主题关联的内容。

第四步，分类归类，再次阅读，导图输出，找到答案。

对同一个主题，一般需要几本书来阅读呢？

这个没有固定的答案，一是看自己的时间，二是看自己的胃口，只要你觉得已经解决了自己的问题，便可以就此打住。

跨界主题阅读法

创新有两种方式：

第一种是要成为某个领域内最顶尖的人才，只有站在顶端，才有超越的可能。"会当凌绝顶，一览众山小"就是这个意思。

对普通人来说，要成为某个领域最顶尖的人物，会比较困难。因为总有人比你出发得更早、走得更远，他们已经在该领域耕耘了很久。后来者即使要达到前辈同样的水平，也势必要花很多的时间和精力。

第二种是跨界，它为我们提供另一种实现创新的可能性。

所谓跨界，就是进入一个领域，了解该领域的核心内容，把该领域的一些知识，有意识地与你所掌握的某个主题知识进行有机融合，生成新的成果。

一般来说，要想真正了解一个领域，至少需要阅读十本相关的书：**两本简单的入门书、四本中等难度的书、两本较高难度的书，最后再阅读两本跟这个主题无关的书。**

为何这样分配呢？

进入任何一个领域，我们都要从学徒开始学起。如果想对阅读产生兴趣，克服抵触情绪，就需要从简单的、容易的书开始阅读，迎合大脑的兴趣。经过前期的积累，你会发现，原来感觉阅读起来有困难的书，现在不再那么难了。

在阅读活动中，我总是反复强调：

在允许的情况下，不要为难自己去阅读。

如果一开始就挑两本最难的书来读，可能很快就会对这个主题失去兴趣。因为读不懂，我们大脑就会抑制我们继续阅读，这是一种正常的心理机制。

举个例子，我有个朋友想读西方哲学，听别人的建议上来就选择康德的《纯粹理性批判》、叔本华的《作为意志和表象的世界》、萨特的《存在与虚无》等书。我敢肯定，他的阅读绝对停留在前几页，然后束之高阁。

没有基本的知识储备和积累，我们不可能读懂这样的书。不如从入门书开始阅读吧，赵敦华的《西方哲学简史》、罗素的《西方哲学史》可以让我们更轻松地走进哲学的殿堂，一窥其中的风景。

从两本最简单的书开始读起，相对来说会比较容易懂，大脑也不会排斥。等看完这两本比较简单的入门书后，再来看四本中等难度的书，就会觉得中等难度的书也没那么难了。

看完前面两本入门书和四本中等难度的书后，再来阅读两本难度程度极高的书，就会觉得它们并非不可攻克。最后再读两本和这个主题无关的书，用其他领域的视角来审视这个领域的知识，相信你会有新的收获、新的感受，这就是创新。

好了，现在我们决定开始一次跨界主题阅读，怎么进行呢？

第一步，确定要进入的领域。

比如亲子育儿领域、心理咨询领域、时间管理领域或金融理财领域都可以，主题根据自己的需求或兴趣而定。

第二步，准备十本书。

准备两本简单的入门书，四本中等难度的书，两本较高难度的书，最后再看两本跟这个主题无关的书。

第三步，对前面的八本书进行快速阅读。

快速翻阅之后，会对本领域有一个基本了解，在此基础上再重新建构阅读大纲。这样翻阅完毕之后，就能够知道哪些书比较经典，哪些书只是入门书。

第四步，进行深入阅读。

重新阅读，找出核心词汇的关键词释义。一边阅读，一边折页、画圈、标注重点，迅速向前，别停下。

第五步，分组归纳，输出思维导图。

这一步和问题型主题阅读做法一致，在归纳与输出的过程中，相当于再次阅读了一遍书，对书的内容再一次加深印象。

第六步，阅读两本无关的书。

将与主题有关的思考与关联，补充到思维导图之中。如果后面还有什么新的见解，也补充到思维导图中。甚至可以做多张思维导图，形成对这个领域的见解。

跨界主题阅读这种创新的阅读法，会独特一些。但这种创新方式是你所独有的，是你从其他主题当中借鉴过来的，这并不是所有人都能发现和复制的，这就形成了你独有的优势。

反向主题阅读法

学习过猎豹阅读法的朋友，很快就能达到每年一百本书以上的阅读量。这些已经阅读过的书中，有没有同一主题的内容呢？

答案当然是：有。

在对这些读完的书进行整理归类时，你会发现这些书属于不同的类别，有管理类的书，有关于育儿的书，有关于饮食健康的书等。只不过对你来说，之前阅读时没有刻意将其进行系统化的主题归类。

现在，我们回过头来对这些已经读完的书进行系统化的分类，**就是反向主题阅读：在阅读完几十本书之后，再归纳分类，反向推出一个主题。**

我相信这个工作应该是很轻松的，因为你已经读过一遍相关的书籍了，还可能已经通过思维导图之类的工具进行了输出，可以直接拿出来用。

反向主题阅读的流程如下：

第一步，导图分类。把阅读过的书的思维导图都找出来，进行分类，相同类别的放在一起。

第二步，复习导图。用一分钟时间，按照类别复习思维导图笔记，根据笔记回忆阅读过的内容。如果回忆不起来，就再去看一下书中的内容，提取出核心词。

第三步，将内容归纳分类。把思维导图中相同的内容进行归纳分类，用铅笔或者马克笔做个记号。

第四步，绘制新的思维导图。经过刚才的梳理后，确定一个主题，按照分类绘制新的思维导图，形成对这个主题的系统化认识，并把各个作者的类似观点、不同观点、矛盾点，以及感悟与行动等呈现到一张导图上。如果发现有新的内容，就直接添加到新的导图之中，形成对这个主题新的认识。

从原有的阅读书籍中归纳出新的主题，或形成对该主题新的认识，这是反向主题阅读的灵魂。

看到这里，是不是觉得反向主题阅读法很简单？是的，其实它没有你想象得那么难，你现在唯一需要做的就是去行动、去尝试，然后就会发现，哇，原来这么容易。当然，如果你不下水，只是在岸边看，看起来的确容易，但还是不会游泳。

主题阅读之最小行动

主题阅读，是一种非常好的阅读工具，可以帮助我们快速搭建知识大厦。

一本书或某个人无法帮我们看清事物的全貌，只有把所有内容集合起来，才能尽可能地让我们看清事物的真相。

学习的过程其实就是在玩一款有规律的拼图游戏，每本书所提供的都只是一个或者几个拼图碎片，只有我们把每一本相关领域的书进行整合，全部搜集起来，然后按照思维导图的结构还原回去，才能够看到事物的本来面貌。

围绕一个主题进行相关信息的搜索，并进行可视化、结构化的呈现，会让我们对相关内容有更加清晰的了解，看看作者是如何证明自己观点的，看看他的逻辑是否严密、是否有漏洞。

分析的过程，就是与多位作者不断对话的过程。这样的形式，有利于促进我们思考，有利于我们用全局观去看一件事，把握事物本质。

一次主题阅读，就能形成一个小型的知识体系；长期坚持下去，就能形成深厚的知识体系。当多个知识体系相互打通的时候，就构建了一个大的学科甚至领域的专业知识。

专业和非专业的区别，就在于这种系统的知识体系有多少。具备的知识体系越多，解决问题的能力也就越强。

猎豹阅读法的宗旨是，增加可利用的学习机会，为学习创设新的途径，并消除对学习的畏难情绪，推动我们积极努力，而不是胆怯等待。

本书介绍的几种主题阅读法，带来的是对不同阅读技巧的尝试，不仅能帮助我们提升阅读数量，更能带来阅读能力的显著提高，值得每一个人掌握。

下面是主题阅读应用的最小行动，快行动起来吧：

主题阅读之最小行动

1. 可以把主题阅读的内容做成音频、视频、课程等不同形式，加深理解，形成系列，进行传播。

2. 每天用便笺纸记录一两个问题。问题可以是在阅读时遇到的，也可以是在生活中遇到的。

3. 每周对一个热爱的问题进行搜索和阅读。如果发现解决不了这个问题，也可以变成主题研究和探索。

4. 学会输出和分享。只有能够完成输出和分享，才算是把书中的知识变成自己能力的一部分。

一本书是孤立的，多本书之间才可能产生联系，而相关的多本书之间，就形成了一个专业的知识体系。因此，阅读不但能使你变得专业，聚焦一个领域，成体系地阅读，还能使你有充足的话语权。